ストレスフリーで楽しく実現！

1年で300万円貯まる超節約術

族の主婦ぴーち

KADOKAWA

はじめに

家族で節約を楽しめればお金は貯まる

私がお金を貯めようと決意したのは、結婚当初に夫と将来の夢を語り合ったことがきっかけでした。「リビングが広いマイホームを買って、子どもは2人ほしいね」。今でこそYouTubeで節約術を発信している私ですが、こんな夢を持ちながら、当時の貯金はほぼゼロ……。しかも夫は浪費家で、お金をこっそりパチンコに使い込んでいることも発覚！　このままではいけないと思い、夫の協力をあおぎ節約生活を開始したのです。

「ムリをしては、節約は続かない」。本を読んで節約術やお金の知識を身につけ、試行錯誤するうちに気づきました。

夫はもともと浪費家、私はズボラだったこともあり、とにかく**ムリなく楽しく続けられる節約術**を自分なりに模索しました。途中、娘と息子の出産で収入が減りましたが、10年後には**節約だけで貯蓄3000万円**を実現したのです。

わが家の節約のモットーは「**家族で楽しく**」。ガマンすることなく、今日からすぐに始められる節約術を本書では紹介しています。「節約を頑張ったけれど、挫折してしまった」。そんな人にこそ読んでもらいたくて、私が実践する節約アイデアを詰め込みました。本書を手に取ってくださったあなたに、「節約って楽しいかも」と思ってもらえたられしいです。

ぴーち

現在37歳。在宅ワークをしながら、特技である節約術をYouTubeなどで配信している。お金の勉強が趣味で、FP 2級を独学で取得。

夫

37歳の会社員。浪費家だったが、今はすっかり節約夫に。趣味はスケートボードと、本格ラーメンやカレーを作ること。

娘

折り紙と鉄棒が得意な10歳の小学生。お小遣いでいろいろな種類の折り紙をコレクションしている。

息子

レゴとダンゴムシが大好きな5歳の保育園児。虫の図鑑がお気に入りで、家では虫博士と呼ばれている。

結婚 10 年で 3,000 万円！
ぴーちの貯蓄ヒストリー

結婚当初の貯蓄額は0でしたが、節約によって3,000万円を達成！
現在までの貯蓄額の変遷を紹介します。

給料が上がっても、
普段の生活費は
17～18 万円をキープ。
DINKs（子どもがいない共働き夫婦）
のこの時期が
一番貯められました

長女誕生

1,200万円

娘の出産に伴い退職。出費を再度見直し、家賃が低い物件に引っ越しました。収入は減りましたが、その分出費も減らして貯蓄額をキープ。

とにかく節約

340万円

図書館で節約本を読みまくって実践した結果、1年で340万円の貯金に成功！　さらに貯めるために転職し、月の給料が5万円アップ。

結婚

貯蓄 0円

私も夫も24歳。結婚式・新婚旅行で貯金はほぼゼロに。早い段階で危機感を持ったのが不幸中の幸い！　結婚3カ月目から節約生活をスタートしました。

すき間時間にせどりや
ポイ活（各種ポイントを貯める活動）
をして家計の足しに。
収入が減ったので節約術を
さらに極めていきました

2014年　2012年　2011年

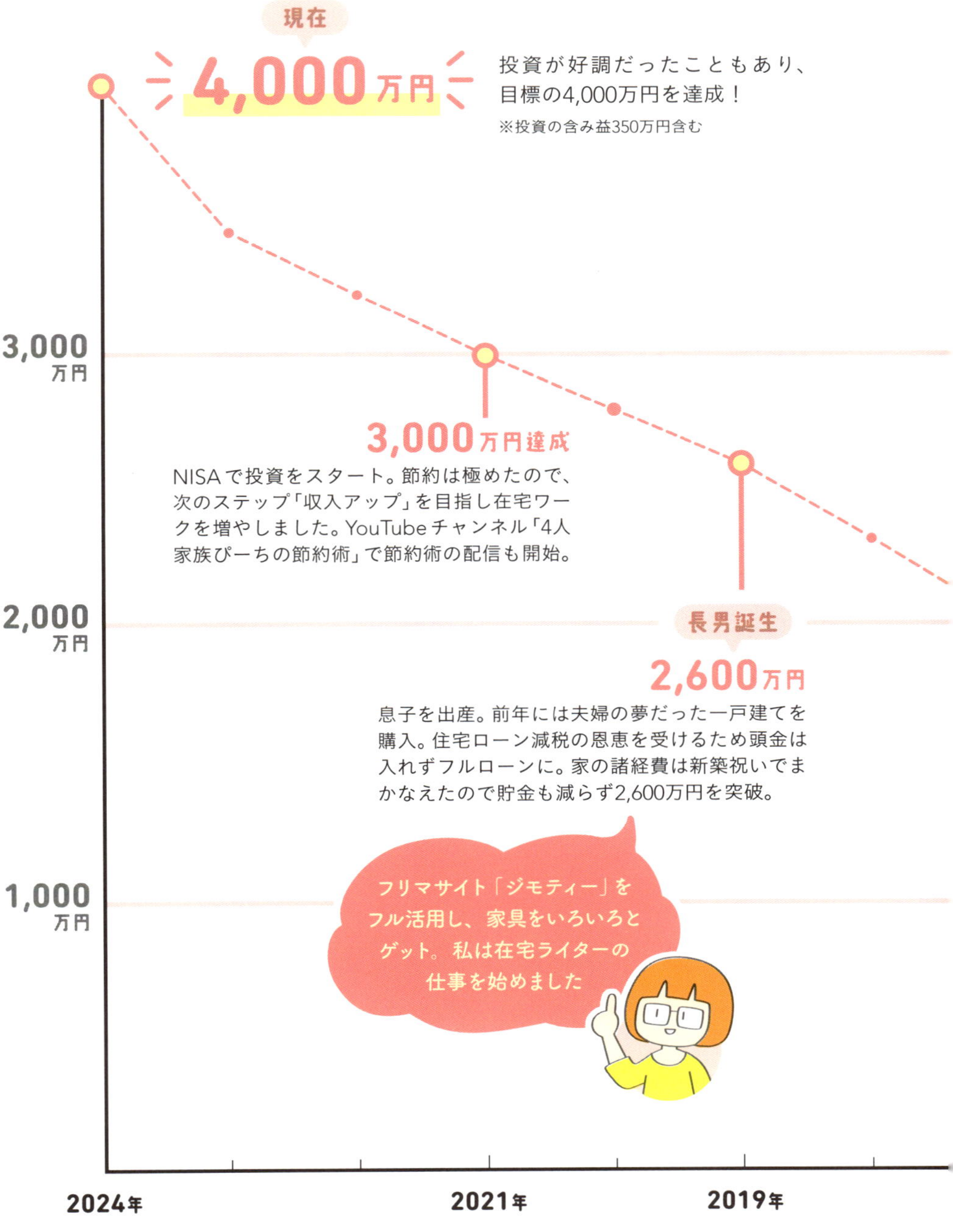
現在
4,000万円
投資が好調だったこともあり、
目標の4,000万円を達成！
※投資の含み益350万円含む
3,000万円
3,000万円達成
NISAで投資をスタート。節約は極めたので、次のステップ「収入アップ」を目指し在宅ワークを増やしました。YouTubeチャンネル「4人家族ぴーちの節約術」で節約術の配信も開始。
2,000万円
長男誕生
2,600万円
息子を出産。前年には夫婦の夢だった一戸建てを購入。住宅ローン減税の恩恵を受けるため頭金は入れずフルローンに。家の諸経費は新築祝いでまかなえたので貯金も減らず2,600万円を突破。
1,000万円
フリマサイト「ジモティー」をフル活用し、家具をいろいろとゲット。私は在宅ライターの仕事を始めました
2024年
2021年
2019年

ぴーち家の現在の家計を公開！

私の収入や児童手当はそのまま「先取り貯蓄」。
毎月決まった額を回すのが、
貯蓄を増やしていくのに大切です！

1カ月の平均

収入	418,000円
支出	227,400円
貯蓄	190,600円

※年間特別費約50万円はボーナスから支払い

年平均

収入	6,016,000円 ※ボーナスを含む
支出	3,228,800円 ※年間特別費約50万円を含む
貯蓄	2,787,200円 ※YouTubeによる収益を除く

1カ月の家計

※毎月の平均額

収入　合計 418,000円

- 夫の給料（手取り）……240,000円

先取り貯蓄
- ぴーちの報酬（手取り）……140,000円
- 児童手当……20,000円
- ポイ活・メルカリ……18,000円

支出　合計 227,400円

固定費　合計 136,800円

- 住宅ローン……90,200円
- 水道光熱費……14,000円
- 通信費……7,600円
- 夫の小遣い……25,000円

変動費　合計 90,600円

- 食費……44,000円
- 夫の酒とおつまみ……3,100円
- 外食……1,600円
- 日用品費……2,300円
- 被服費（夫は小遣いから購入）……1,600円
- レジャー費・交際費……8,000円
- 子ども費（給食費、習い事、小遣いなど）…20,200円
- その他（ガソリン代・医療費）……9,800円

ぴーちのイチオシ節約術

効果が高い！ コスパ最強 節約術 5

1 おかず を冷凍ストック ➡44ページ

割高な冷凍食品を買わずに、たくさん作った夕食のおかずやおにぎりを冷凍庫にストックしておけば、**外食防止に効果的**！　疲れて外食しそうになった日も、冷凍おかずがあれば手間なく自宅で食べられます。

2 服や靴は先読み買い ➡70ページ

服や靴は高い買い物。夏ものは9月頃、冬ものは2月頃と、シーズン後のセールで翌年分を先読み買いしておきます。店舗によっては**100円ほどと投げ売り価格**になることも！

3 おつとめ品をフル活用 ➡48ページ

特売品も安いですが、**おつとめ品のコスパは最強**！「そんな安いものに巡り合えない」という人も大丈夫。ゲットしやすくなるコツを紹介しています。

4 動画で学んで全部セルフで ➡80ページ

ヘアカットやFPの試験対策、DIY、七五三の着付けなどをYouTubeの動画で学び、**自分自身でやることでかなりの節約**に！

5 服やおもちゃはフリマアプリ ➡72ページ

服や子どものおもちゃはほとんど、「ジモティー」などでお得にゲット。勉強机や子どものロフトベッドなどの家具も、**安く手に入ります**。

私が実践する節約術をPART2で紹介しています。
ここではコスパがいいものと、とにかくお手軽なものをピックアップしてみました。
気になるものをチェックしてみましょう。

今日からできる! 超お手軽 節約術 5

1 クリーナーの種類を減らす ➡66ページ

フローリング用クリーナーやガラス用クリーナーなど、**用途別の洗剤を買わなくても**、食器用洗剤・セスキ水・クエン酸水があれば家中お掃除できます。セスキ水・クエン酸水は自作できてコストは数円!

2 プライベートブランドの活用 ➡54ページ

スーパーのPB(プライベートブランド)なら、食品や日用品がお得。品質がほぼ同じで大手メーカーの商品の**3分の2の値段**ということも!

3 洗濯には粉洗剤を使う ➡64ページ

洗濯には、**粉洗剤がコスパ最強**! しかも液体洗剤より汚れ落ちがいいので、特に小さい子どもがいるご家庭にオススメです。

4 リメイクごはんで節約 ➡42ページ

たくさん作った野菜炒めは翌日「皿うどん」や「春巻き」にリメイク。飽きずに食べられて、**手間や光熱費の節約**になります。

5 古着はウエスにする ➡68ページ

捨てる予定のボロボロの服はウエス(使い切り雑巾)にして再利用。セスキ水やクエン酸水と一緒に使えば、**割高なお掃除用シートは不要**です!

目次

PART 3 〝家計管理〟のヒント集

1カ月分でもOK！　家計簿をつけて現状を把握……106
ライフプラン表を作成し貯蓄目標を決める……108
ぴーち家の「ライフプラン表」を大公開……110
書き込み式ワークシート❶ライフプラン表……112
黄金比と比べて家計の特徴をチェック……114
書き込み式ワークシート❷1カ月の収支と費目割合……116
［ぴーち流］生活費を上手に節約するポイント……118
［ぴーち流］お金が貯まる仕組み作りのポイント……122

おわりに　お金はあなたと家族の笑顔のためにある……126

※本書に掲載している商品情報などは2024年7月現在のものです。また、掲載している制度やサービスなどは変更・終了する場合があります。

企画・制作　スタジオダンク
デザイン　田山円佳、鄭ジェイン、石堂真菜実（スタジオダンク）
取材　和田典子、江山 彩（編集室 桜衣）
イラスト　加藤陽子
校正　パーソルメディアスイッチ
編集担当　小川和久（KADOKAWA）

PART 1

ぴーち家の"節約ルール"

家族で楽しく！
それが私たち一家の節約のモットーです。
この章では、どうすればムリなく節約生活を送れるのか、
ポイントを紹介します。

ルール①

お金よりも「健康第一」食費は削りすぎない！

節約しようと思ったとき、削りやすいのが食費だと思います。だからといって、食材の量を減らしすぎたり、安さを重視して栄養バランスが偏ったりすると、体調を崩し働けなくなる上に医療費がかかる可能性があり、QOL（生活の質）も下がります。私にとって節約は**「家族や自分が幸せに生活するための1つの手段」**です。夫に持病があることもあり**健康のためにはお金をケチらず、食費は削りすぎない**ように気をつけています。節約のためになるべく手作りして、栄養バランスも考え、食品を買うときには添加物の多いものは控えています。

ほかに健康のために実践しているのが、**休日にみんなで体を動かす**こと。家族で広い公園や山などに遊びに行くようにしています。お金もかからず一石二鳥です。子どもの足の成長に直結するので、靴にもこだわります。扁平足《へんぺいそく》で整形外科に通っている娘には、医師から勧められたスポーツシューズをはかせています。質がいい分、少し値が張るので、セール品が出たら即買いです。

もし今私が倒れたら家族に苦労をかけるので、自分の健康にも気を配っています。会社員ではないので、毎年必ず自治体の健康診断を受け、人間ドックも数年に1度受けています。

結果節約に！健康のための習慣

早寝早起き

家族で早寝早起きを習慣にしています。毎日21時前に寝て、私と夫は4時半に、子どもは6時半に起きます。私は朝にブログやYouTube動画を作成。早く寝れば、電気代の節約になります。

押し麦で栄養アップ

ごはんには押し麦を混ぜています。食物繊維の量が白米の24倍、ビタミンなども豊富な上に、業務スーパーでは白米より安いことが多い！白米と押し麦を3:1で炊いていて、冷めてもぷりぷりでおいしいです。

腹八分目

私たち夫婦の食事は腹八分目。「腹八分目に医者いらず」といわれるように、健康維持には腹八分目が推奨されています。食費も月10％ほど節約に。浮いた分は食事の質を上げるために使っています。

子どもにはたくさん食べさせますが、
残さないように最初は控えめに
盛って、足りないときに
おかわりをしてもらうようにしています

ルール②

お金はメリハリをつけて使いストレスをなくす

何でもかんでも節約し、ガマンばかりの人生ではつまらない！　将来のために貯金することは大切ですが、バランスよくお金を振り分けて**今楽しむことや日々のストレスを軽減してくれるものにはお金を使う**ようにしています。家族で温泉旅行に行ったり、子どもが好きそうなイベントに足を運んだり。子ども時代にいろいろな体験をすることは、大人になってからの自己肯定感やチャレンジ精神に影響するといわれています。だから、そこは節約しすぎないように意識しています。

節約を重視しすぎてストレスをため込んでしまえば、健康にもよくありません。そこで私は、**日々のストレスを減らしてくれる家電に頼る**ようにしています。

たとえば、ちょっとぜいたく品に思える除湿器を使っています。雨が続く梅雨時期は部屋干しした洗濯ものが臭くなったり、クローゼットのコートや靴にカビが生えたりするのが大きなストレスになっていました。そこで少し値は張りましたが、衣類乾燥もできる除湿器を購入。天気を気にすることなく洗濯でき、生乾き臭も気にならなくなったので今では必需品です。

ぴーちのお金のかけどころ

お金をかけるところ

家電

食器洗い機や掃除ロボットで、家事の手間や時間を短縮。できた時間で、ほかの節約ができたり、家族との時間を楽しめたりします。

旅行

宿泊予約サイトのクーポンなどを活用し、費用を抑えます(78ページ)。旅先でも海水浴をするなど、お金をかけずに楽しんでいます。

お金をかけないところ

洋服

「着るのは私1人なのにこんなに必要か？」と疑問に思ったことがきっかけで、今は必要以上の服を買わないようにしています。

おもちゃ

遊ぶ期間が限られる子どものおもちゃは中古を買います。車のおもちゃや、おもちゃ棚などはジモティーを使いほぼ0円！

食器洗い機や掃除ロボットなど、節約につながる便利家電も活用しています。食器洗い機は家を購入した際にビルトインでつけました。**手洗いより少ない水で洗うことができるので、食器洗いのコストは手洗いの6割程度**。洗浄後、乾燥が始まる前に電源を切って扉を開け自然乾燥にすれば、電気代も抑えられます。

掃除ロボットの電気代も、実は**一般的な掃除機の半額ほど**。寝る前に掃除ロボットを起動させておくのが、わが家の習慣です。自分で掃除機をかける手間がなくなり、朝起きると部屋がきれいになっているので気分もいいです。食器洗い機や掃除ロボットを使うことで家事の時間を大幅に減らすことができ、家族団らんの時間が増えたのが一番のメリットでした。

また、家族みんなの楽しみである温泉旅行もひと工夫することでお得に楽しめます。旅行は基本ケチケチせずに楽しみますが、①宿は比較サイトを利用して最安値で予約する、②観光地での体験にはお金を使ってもお土産は買わない、というマイルールを守っています。安く行くために、子どもの学校の長期休みや創立記念日などの休みの日に有休を使うのも手です。

私は、いろいろな種類の温泉のほか、卓球台やキッズスペースがある宿を選んでいます。以前泊まった宿ではじゃんけん大会があり、それに優勝して2000円分の買い物券をもらったこともあります。宿に楽しめる施設やイベントがあれば、外で使うお金も抑えられます。

まだあるストレス解消家電

炭酸水メーカー

夫のハイボールや子どものジュースを作るのに大活躍。市販の1L69円の炭酸水に比べ、コストは半分ほどに。重たい炭酸水を運ぶ手間がなくなったのもうれしい！

コードレス掃除機

汚れが気になってサッと掃除するときには、掃除ロボットではなく、コードレス掃除機を使います。コンセントに差すひと手間がないだけで手軽さが格段にアップ。

セカンド冷凍庫

ふるさと納税の返礼品やおつとめ品の肉や魚をバンバン冷凍できるセカンド冷凍庫。安いときにまとめ買いすれば節約になるだけでなく、買い足す手間も減るので一石二鳥。

時短した時間にできること

- メルカリで不用品を出品
- お得情報をネットでチェック
- 副業
- 子どもの宿題を丁寧に見る　など

ルール③

お金の使い道を話し合って家族で楽しく節約

節約生活には、家族の協力がある程度必要。だからといって、家族に節約を無理強いするのは、私の経験からいうとNG。押しつけても反発されるだけで、節約はうまくいきません。そして、節約生活でもっとも難易度が高いのは、「節約に協力的ではないパートナーに協力してもらうこと」です。他人を変えるのは簡単なことではありません。

私のYouTubeのコメント欄を見ると、パートナーが協力してくれないことに悩んでいる人が多いようです。私もその1人だったので、気持ちが痛いほどわかります。私の夫はお金をあるだけ使ってしまうタイプでした。貯金をこっそり使い込んでパチンコで散財したりと、ちょっとした離婚の危機に陥ったことも。「節約して」と口うるさく言ったり、月のお小遣いを減らしたりと試行錯誤しましたが、なかなか協力してくれませんでした。

もし、パートナーが節約に協力してくれないのであれば、何か理由があります。たとえば、**貯金の必要性を感じていなかったり、貯金より熱中している何かがあったり**。そこを覆すことが、第1ステップです。自分で納得しなければ、誰に何を言われても変わることはできません。

夫を節約家に変えたステップ

STEP 1 家計の現状を見せる

結婚当初、マイホーム購入、子どもを持つという夢がありながら、貯金はわずか。収支や将来必要になるお金を夫に見せて、なぜ浪費をやめてほしいのか、節約を頑張りたいのかを伝えました。

協力を得るためのポイント

- 夫婦で節約の目的を考える
- 節約で得られる相手のメリットも伝える

具体的な理由やメリットを入れると当事者意識が芽生えます

伝え方の例

NG		OK
× NG 教育資金を貯めよう	▶	○ OK 子どもによい教育を受けさせるため、私立に通うことも視野に入れてお金を貯めよう
× NG 老後資金のために節約しよう	▶	○ OK 定年後は月に1度は温泉旅行に行こう。そのために老後資金を貯めよう

STEP 2 お金のかからない趣味を勧める

夫がパチンコをやっていた理由はストレス。パチンコの代わりにストレスを発散できる趣味を勧めてみました。見事スケボーにハマり、夫はパチンコを卒業できたのです。

すっかり節約夫に！

夫が節約に協力的になったのは、「節約して」と言ったからではなく、お金についてたくさん話し合ったからです。わが家の毎月の収支や、必要になる教育費や老後資金、住宅資金などを数字で示して夫に危機感を持ってもらったこと。そして、パチンコの代わりにお金のかからない趣味を勧め、それにハマったことで夫はようやく節約に協力的になりました。

子どもたちにもムリに節約をさせていません。今はあまり物欲がないので助かっていますが、年頃になってほしいものが出てきたときには、ガマンさせずにできる範囲で希望は叶《かな》えてあげたい。そのためにも、子どもが幼く比較的お金がかからない今のうちに貯蓄しています。

家族会議というほどではないですが、**お金の使い道に関するちょっとした話し合い**もします。内容は「週末のプチぜいたくご飯は何にするか」「次はどこの温泉宿に行くか」といった楽しみに関することばかり。その楽しみが近い未来の目標となって、普段の節約のモチベーションを上げてくれます。家族で一緒に計画を立てたお楽しみイベントに合わせて、娘は自主的にお小遣いを貯めるようになりました。

お金は使ってこそ価値を発揮するもの。貯めるだけでなく、どう使うかを家族と共有し、バランスを取りながら楽しいことにも使うようにしています。

子どもも楽しく！節約生活

お金の使い方を英才教育

娘の誕生日プレゼントのリクエストは洋服。ほしい服が何着かあり、全部買うと予算オーバーになるので、「新品を２点」と「古着を５点」のどちらがいいか選ばせました。古着を選んだ娘は５着ももらえて大喜びでした。予算内で子どもが一番喜ぶ方法を選ばせるのがわが家流。そうやって、お金の身になる使い方を教えています。

「体験」は節約しすぎない

習い事や旅行など、子どもの頃の体験の差が学歴の差になり、年収の差とも関係するというデータがあります（※）。これが「体験格差」。私は節約生活をしつつも、子どもにたくさん「体験」をさせてあげたいと思い、予算を決めた上で旅行を楽しんだり、無料のイベントや教室などの情報にアンテナを張ったりしています。

※国立青少年教育振興機構「子どもの体験活動の実態に関する調査研究」

節約しながら積める子どもの「体験」

- 市のHPや情報誌などをチェックし、自治体主催の格安の習い事に通わせる。
- 無料のイベントやコンサート情報、安く参加できる科学館のイベント情報などは、学校からのチラシに載っていることが多いので要チェック。
- クーポンや補助金の情報にアンテナを張って、旅行にお得に行く。

節約のコツ

最初に大きな目標を設定し状況に応じて調整

結婚当初、貯金がほぼゼロだった私たち夫婦は子どもの教育費2000万円と老後資金2000万円を40歳までに貯めることを目標に、節約生活を始めました。30代半ばまでの10年間で3000万円貯蓄し、その後4000万円の目標も達成しました。節約生活1年目の月収（手取り）は、夫が22万円でボーナスが50～60万円、私は21万円でボーナスは33万円。首都圏（東京以外）在住で夫の会社からの家賃補助もあり、支出は月17～18万円程度、帰省費用や結婚のご祝儀代など特別費は年間40～50万円。子どもがいない共働きで、1年で340万円貯められました。

節約でまず始めたのが**「先取り貯金」**。収入があった時点であらかじめ決めた額を貯蓄に回しました。**夫の給料を生活費にして、私の給料と2人のボーナスをすべて貯蓄**。その後、私が転職して収入が増えましたが、生活レベルは上げずにそのまま全額貯蓄。出産などで収入が減ったときは、家賃を下げる工夫をすることで、貯蓄額をキープしました。収入が増えたら貯蓄額を増やし、収入が減ったら支出を減らしてと、貯蓄額を減らさないように調整してきました。

「貯金額＝収入ー支出」なので、**支出を抑えることが節約の大前提**です。そして、ある程度の金額

2つの目標で達成が現実的に

「3000万円貯める」といった長期的な目標だけだと、その遠いゴールに対して節約のモチベーションを保つのが大変。家族旅行などの短期の目標を設定すれば、モチベーションを保ちやすくなります。

を貯めるには共働きは必須。私が出産で仕事を辞めたときは、収入を得るためにすき間時間にメルカリでのせどり（※）などをしていました。稼げる額は少なくても、1カ月、1年で考えると大きな額になります。

人生の貯めどきは4度。**①独身時代、②結婚後子どもが生まれるまで、③子どもが3歳頃から中学入学前、④子どもが独立したあと**です。わが家は今③です。娘が中学生になったら今のように貯蓄はできないと考え、先回りして教育費を貯めました（82ページ）。ちなみに、今の目標は「60歳までに6000万円」貯めて、60歳で完全リタイアし、夫婦で全国の温泉を巡ることです。

※商品を仕入れ値より高い価格で販売し、差額で利益を出すビジネス。中古品を扱う場合は、古物商許可が必要

節約のコツ

思い立ったらすぐに行動 その日から節約開始！

私はＹｏｕＴｕｂｅやブログで紹介していますが、そうした節約術を見ても「私にはできない」「長続きしない」「どうせ大した額は貯まらない」などと考え、お金を貯めたいと思ってもなかなか踏み出せない人もいるようです。

私が、お金を貯める上で一番効果があったのは、**とにかく何かしらの行動をすること**でした。まず図書館で何十冊も節約本を読み、収入アップのために2度の転職をして、すき間時間にはコツコツとポイ活やメルカリでのせどりに取り組んでいました。このようにとにかく行動したことが、貯金を増やしてこられた最大の理由です。

「行動しなければ失敗は１００％ない。でも成功も１００％ない」という私の好きな言葉があります。失敗を恐れていたら成功する日はやってきません。

二の足を踏んでいる人がモチベーションを上げるためにやりがちなのが、まず気分が上がるかわいい家計簿や文房具をそろえたり、ネットでオススメの節約グッズをいろいろと購入したりすること。小銭貯金もしたいからと貯金箱を買う人もいるかもしれません。これらはＮＧ行動の典

節約は〝70点〟を目指す！

節約が長続きしない原因は「頑張りすぎる」こと。その分、最初は貯まりますが、長続きしません。節約生活は「継続できるかどうか」で将来の貯金額が決まるのです。完璧《かんぺき》を目指すのではなく、自分に合った節約方法で70点の節約生活を目標にしましょう。

節約を続けるコツ

- ムリのない程度に、自分に合った節約方法を取り入れる
  ➡PART2の節約術をチェック
- お金はメリハリをつけて使いストレスをなくす
  ➡16ページをチェック

型です。

もちろん行動することは重要ですが、家計簿を買う前に家計簿アプリやネットでダウンロードできるものを調べてみましょう。無料でも使いやすいものがたくさんあります。文房具はわざわざ買わなくても自宅にあるかもしれませんし、節約グッズは必要になったときに買っても遅くはありません。貯金箱も家にある空き箱で十分です。節約したいのに、**「思い立ったらすぐお金を使う行動をする」のがNG**なのです。

節約は「かたちから入る」より、まずは**お金がかからない方法を考える**のがポイント。このことさえ頭に入れておけば、結果的に貯金につながります。

節約のコツ

お金をかけなくても家族で楽しめることはたくさん！

全然お金を貯められていなかった結婚前、休日にはお金のかかることばかりしていました。たとえば、金曜の夜は居酒屋、土曜はショッピングモール、日曜は映画館……。**お金がかかるレジャーが習慣化すると貯蓄はできません。**でも、節約生活を始めて休日の過ごし方を見直したら、**お金をかけずに楽しめること**が世の中にたくさんあることを発見しました。

今では、お弁当を持って家族でハイキングに行くのが休日の楽しみ。自然に触れられてリフレッシュできます。無料のキッズパークや科学館、入場料が安い公営の動物園も利用します。少し遠い場合もありますが、入場料無料なら交通費しかかかりません。

オススメは、玩具《がんぐ》会社「ボーネルンド」がプロデュースする自治体の遊び場です。全国50カ所以上にあり、無料で利用できる施設もたくさん。私は無料の遊び場を探すのに、インスタグラムで「お出かけスポット」「無料スポット」でタグ検索しています。

出かけずに、家族で楽しめることもたくさんあります。たとえば、家でプチぜいたくな夕食を食べたり(52ページ)、サブスクや図書館で借りた映画を見たりするのもオススメです。

遊び方次第でこんなに節約！

4人家族のレジャーに使うお金

ハイキング

- 食事（作り置きを利用したお弁当・お菓子・水筒持参で800円ほど）
- 駐車場代

徒歩ならもっと安い！

かかっても 2,000円以下！

ショッピングモール

- 外食（ファストフードなら2500円、レストランなら4000円！）
- 駐車場代
- ゲームセンターなどの遊び
- 雑貨などの買い物

誘惑が多いのでムダ遣いしがち！

10,000円の出費は覚悟！

もし外食で
ファミレスを使うなら、
クーポンや金券ショップの
株主優待券でお得に！

節約のコツ

持っているだけでお金がかかるものは〝やめる〟

今まで何気なく使い続けていたものの中には、実はなくても支障がないものがあったりします。むしろ、あることでお金がかかるものも。私は節約しようと思ったときに、「なくてもいいもの」を考えました。たとえば、プリンターやファミリーカー、コンタクトレンズなどです。使っていたプリンターは母のおさがりでしたが、**インクが高い上にあまり使わなかった**ので処分。必要なときはコンビニプリントを活用しています。必需品の車は、近場で使うことがほとんどなので軽自動車で十分でした。軽自動車にすることで**自動車税などの維持費を抑えられます。**

ずっと使い切りコンタクトレンズだった私たち夫婦。ランニングコストとして、夫のワンデータイプは月に約2000円、私の2ウィークタイプは月1300円ほどかかります。でも、夫も私も家ではメガネで過ごし、コンタクトは外出時にしか使いません。そこで、在宅ワークで人に会うことが少ない私はコンタクトを買うのをやめ、夫は2ウィークタイプに変更。これで**月2000円の節約**になりました。

このように、やめられるものを探すのは、節約の手がかりになります。

これが“ない”だけで節約に！

「いつか使うかも」

「いつか使うかも」と言い聞かせて処分できないものはありますよね。**私も、夫のデジカメやパソコンを処分せずにいましたが、結局捨てました**。保管期間が長くなれば、傷みもするし価値も下がります。**使わないと思ったときに、すぐにフリマサイトなどに出品しましょう**。家電やゲームなどは早く出品するほど高く売れます。

大きい収納家具

人はスペースがあると埋めたくなってしまうもの。収納が広ければ「まだ置けるから」と不要なものを買ってしまうかもしれません。**ものがたくさん入る収納家具をそもそも持たないことが重要**。**「ものを買うときは買い替えのとき」**と意識することで、ものも増えにくくなり、その分出費を減らすことができます。

ムリなお付き合い

「見栄を捨てること」が節約の近道。私は見栄っぱりではないですが、他人から嫌われるのが怖く、何でも合わせてしまうタイプでした。高いお土産を人に買うなど、人付き合いが増えるほど出費もかさんだため、**金銭感覚の面で自分がムリしてしまうようなお付き合いはやめました**。そうすると、出費もストレスも減りました。

これらの思考やクセを
見直すだけで、
ムダなお金が
かからなくなります！

節約のコツ

1人の買い物でムダ買いを防ぐ！

節約の基本は「少しでもお得に買い物をする」ことです。でも、たとえばスーパーのチラシを見比べて、数十円安いからと**車でスーパーをはしごするのは、時間とガソリン代のムダ**です。その時間を使えば、もっと貯金を増やす方法を見つけられるかもしれません。

私は食費の節約のため、**1人で買い物に行く**ことが大半。家族と一緒に行くと、カゴにおつまみやお菓子などを勝手に入れられてしまうからです。1人で行く代わりに事前に家族のリクエストを聞いて、私が選ぶほうが安上がり。量と金額からお得なものを割り出してくれる「どちらがお得？計算機」というアプリを使い、コスパがいいものを買っています。

食品を買うときに原材料を見ることも、私にとっての節約術だったりします。加工食品は高級品や掘り出し物ではない限り、大抵添加物が入っています。おいしそうな菓子パンでも、原材料に添加物が多く並んでいるのを見ると、買いたい気持ちを抑えられます。

百均には、買いもののリストを持参。100円だと思うとハードルが下がり、大して必要ないものをつい買ってしまう可能性があるからです。リストにある必要なものだけを買っています。

浪費させるスーパーの"罠"

無料の罠《わな》

人は「無料」という言葉にひかれる傾向があります。たとえば、「2つ買えば1つ無料」など。でも、**トータルで見るとお得ではない**ことも多いもの。「無料」には何かしらのワケがあると考え、**トータルの金額で考える**ことが大事です。

パッケージの罠

「アミノ酸1500mg配合」など、特定の成分を挙げて健康的に見せる商品があります。いかにもアミノ酸がたっぷり入っているように思いますが、わずか1.5g。**単位を変えることでたくさん入っているように思わせる**売り手側の戦略です。

配置の罠

スーパーの配置は、マーケティングのプロが考えた、買ってもらうための戦略にあふれています。たとえば、**レジの前にはつい手が伸びそうな期間限定のお菓子が置かれていたり**。誘惑に負けないために、買い物のルールを取り入れてみましょう。

半額の罠

スーパーのおつとめ品のように、半額で買えて得をするものはあります。でも、**元の値段が高いものだと、半額になってもさほど安くない**場合も。「半額」という言葉に釣られずに、半額になった後の値段で判断するといいでしょう。

「一番人気」の罠

スーパーのポップにある「一番人気」はあくまでセールスコピー。その店という狭い範囲での一番人気かもしれません。食品は原材料、日用品は成分表をチェック。**「一番人気」の商品と似たような商品で半額で買える**なんてことも。

ぴーちの買い物のルール

- 買うものをメモして余計なものは買わない
- 1人で行って、家族のリクエストもコスパ重視で判断
- 会計前にカゴに余計なものがないかをチェック

節約のコツ

節約は当たり前を疑うことから始まるゲーム

「節約＝いろいろとガマンする」ということではありません。ガマンばかりだと節約は長続きしませんし、そもそもつらい人生になってしまいますよね。

私は**「節約＝貯金ゲーム」**だと思っています。自分や家族が**ストレスにならない方法でいかに貯金を増やせるか**試行錯誤するゲームです。このゲームの攻略方法は、ＰＡＲＴ２で紹介している節約術を実践すること。そして**「当たり前を疑ってみる」**ことです。

私は当たり前を疑ってみることで、さまざまな節約術を発見することができました。たとえば、「ごはんは白米」「野菜の皮は捨てる」「顔を洗うには洗顔フォーム」。どれも昔は当たり前だと思っていたことです。でも、その当たり前を疑うことで、「ここは節約できるかも」と自分なりの節約術を考え、結果貯金速度を上げることができました。

何を大変と思うかは人それぞれなので、紹介している節約術の中には「これはできない」というものもあるかもしれません。そんなときは「日々の生活の当たり前」を疑ってみてください。そうすることがオリジナルの節約術の発見につながります。

ストレスなし！続けられる節約

ストレスが〝なくなる〟節約術ベスト3

1	ものを減らす	ものを処分すればムダ遣いに気づき、その防止になります。掃除もラクになります。
2	アウトドアを楽しむ	休日のハイキングなどはお金がかからない上に、気分もリフレッシュ。
3	中古を選択する	子どもがいるとすぐに汚したり壊したり。でも中古品ならダメージも最小限！（72ページ）

わが家の〝当たり前ではない〟ものベスト5

1	ごはんは白米	業務スーパーの押し麦を混ぜて、栄養価アップ＆節約に（15ページ）。
2	野菜の皮は捨てる	ニンジンの皮はむかない、大根の皮はきんぴらに（40ページ）。
3	顔を洗うには洗顔フォーム	わが家では固形石鹸で顔も体も洗っています（60ページ）。
4	化粧水のあとは乳液	乳液の代わりにスクワランオイルを使えば安上がり（62ページ）。
5	入浴後はバスタオルを使う	ハンドタオルなら、かさばらないので洗濯時の節水になります。

節約主婦 ぴーちの平日の1日

在宅ワークをしている私は、ほぼ1日家にいます。自宅は一戸建て。普通なら家にいれば電気代も余計にかかりますよね。でも、電気代も月8000円程度と、4人家族の平均より少なめです。その節約の工夫を紹介します。

¥：お金の節約ポイント　⏱：家事などの時短ポイント

4:30	夫婦で起床、朝のルーティン、夫朝食	¥ ⏱	食洗機の食器を片付け、洗濯機を回す。夫の朝食は前日の残りと冷凍味《み》噌《そ》汁《しる》の素(45ページ)で作った味噌汁。
4:45	YouTubeの動画編集やブログの作成	¥	特に夏は朝早くから明るいので、電気代節約のため早朝から活動。
5:30	洗濯物を干す	¥	雨の日は除湿器をかけて部屋干し。電気代は18円(浴室乾燥機なら1回128円、衣類乾燥機なら99円)。
6:00	夫出勤	¥ ⏱	お弁当は昨晩作って冷蔵庫に入れておいたもの。
6:45	娘・息子起床、朝食	¥ ⏱	朝食の定番はおにぎりや味噌汁などの和食。息子のお弁当は作り置きおかずをレンチン。
7:30	ぴーち朝食	¥ ⏱	子どもたちの朝食の残りなど。
7:45	娘登校、息子を保育園に送る	¥	着替えて息子を送りに。外出着を長持ちさせるため、帰宅後は部屋着に着替える。
8:30	在宅ワーク開始		

11:30	昼食	¥ 残り物を食べたあと、スマホでニュースを見たり、お得情報をチェックしたり。
15:00	娘帰宅、遊びへ	¥ 持って行くのはディスカウントショップで買いだめしたおやつ。
16:00	在宅ワーク終了、息子のお迎え	¥ 途中、スーパーや青果店に寄ってお買い得品の買い物。
16:30	帰宅、息子おやつ、夕食づくり開始	¥ 手作りおやつの日もあり。子ども用の食器はジモティーでタダでゲットしたもの。
17:00	娘帰宅、その後夫帰宅	¥ 順番に入浴することでガス代の節約。夏はシャワーのみ。
18:10	家族で夕食	¥ 多めに作ったおかずは、翌日の夫のお弁当や冷凍ストックに(44ページ)。
18:50	夕食の後片付け	¥ このとき食器は食洗機に。安く作ったセスキ水(66ページ)でキッチンを掃除。
19:30	リビングでリラックス	¥ 夫は炭酸水メーカーでお得にハイボール作り。
20:15	寝る準備	¥ 照明をLEDのイルミネーションに替えることで、節電(95ページ)。掃除ロボットのスイッチオン。
20:40	就寝	¥ 早寝で節電。

節約のお悩みQ&A ①

Q 子どもへのお金の教育はどうしていますか？節約生活をしていて、子どもに「あれがほしい！」と言われると困ってしまいます。

A まずはお金の本を一緒に読んでみましょう。

お子さんの年齢が小学生以上なら、**子ども向けのお金の本を一緒に読む**といいと思います。子ども向けの本だと、景気や税金といった少し難しい内容でも、マンガやイラストを使ってわかりやすく説明しています。

多くの本で、家のお金は無限ではないことや、お金を使うには使うべきところとそうでないところとのバランスが必要なこと、クレジットカードや電子マネーのメリットやデメリットなどについても解説されています。お子さんと一緒に楽しく学んで、**お金の大切さや必要性についても一緒に考えて**みてはいかがでしょうか。

本で学んだあとに買い物で何かほしいと言われても、「こういう理由で安いときに買おうね」と言えば、わかってもらえると思います。ちなみに、買うものにもよりますが、私は服や雑貨、おもちゃなどは、新品と中古品でどちらがいいかを実際に子どもに選んでもらっています。現物や値段を見せて、本人に比べて考えてもらうことも、お金の教育になると思いますよ。

PART 2

“コレ”でお金が貯まります

わが家が実践する節約術を紹介。
節約効果の高いものや手軽に始められるものまで、
さまざまあるので、
ご自身に合ったものから始めてみましょう。

食費

食材を丸ごと食べておいしく節約！

節約！

＼1年で／
36,000円

※月3,000円のロスをなくした場合

買った食材は使い切り、〝食品ロスゼロ〟を目指しています。(※)一般家庭の食品ロス率は、3・7％といわれています。4人家族の平均的な1カ月の食費は8万8000円といわれているので、**3000円以上もムダにしている**ことに。お金を出して買った食材を捨てるのは、その分のお金を捨てているのと同じ。もったいないですよね。

食品ロスゼロのために、毎晩夕食作りのときに賞味期限をチェックしています。賞味期限が短くなったものは、冷蔵庫の見やすい場所にまとめておいて早めに使うようにしています。そして、食材の食べられるところはすべて食べます。

たとえば、ニンジンの皮は薄いのでむかずに食べたり、大根はむいた皮を千切りにしてきんぴらにしたり。そのほかにも、アレンジレシピを考えて楽しんでいます。

買ってきた長ネギは傷みやすい青い部分だけすぐにカット。みじん切りにしてフリーザーバッグに入れたら冷凍庫へ。**冷凍ネギは味噌汁《みそしる》や和風パスタに入れたり、ネギ味噌にしたり**と幅広く使えます。使い終わった出汁《だし》パックは、中身をフライパンで空炒《からい》りし、ゴマなどを加え醤油《しょうゆ》で味

※農林水産省「食品ロスの現状について」

絶品! 鶏油(チーユ)の作り方

1. 鶏皮をはがし、細かくカットします。
2. カットした鶏皮をフライパンで焼きます。
3. 脂が出てきたら、鶏皮をひっくり返しながら、焦がさないように、弱火で30分ほど加熱。
4. 鶏皮を取り出して、キッチンペーパーの上に置きます。
5. 脂に浮いている大きい不純物を箸で取り除いたら出来上がりです。

付けしてふりかけにしています。

家族みんなのお気に入りが、細かく切った鶏肉《とりにく》の皮をフライパンで焼いて作る、**鶏油(チーユ)**。ラーメンやチャーハン、野菜炒《いた》めなど、**どんな料理も絶品にしてくれる上に、市販の油の節約にも**なります。傷まないように冷蔵庫に入れて、2週間ぐらいで使い切ります。脂を取ったあとのカリカリ鶏皮チップスは夫のおつまみにはもちろん、子どもたちも大好きです。

食材を余すことなく食べれば、生ゴミも減るのでまさに一石二鳥! 自治体指定の有料ゴミ袋がある地域では**ゴミ袋代の節約**になりますし、ゴミが少なければゴミ捨て場に行く労力・時間も減ります。

食費

料理は〝回数〟を減らして光熱費と手間をカット！

節約！

＼1年で／
138,000円

※週1回の外食を2カ月に1回に減らした場合

食費を節約するのに一番効果的なのは、お金がかかる外食をしないこと。どんなに安い店でも**4人家族で外食すると、2000〜3000円**はかかります。わが家の1カ月の食費は4万5000円なので、**外食1回で1・5日分**にもなってしまいます。

だからといって、毎食自炊をするのは大変。だから私は、**料理をする〝回数〟を減らす**ことにしました。

ちゃんと料理をするのは基本1日1回。**夕食のメニューのおかずを多く作り、翌日の朝食や夫のお弁当、おかずのストックに**してしまうんです。毎食作ることに比べれば、1回に同じものをたくさん作るのは大変ではありません。料理の回数を減らせば、**光熱費も節約**できます。

多めに作ったおかずは翌日〝リメイクごはん〟として出すこともあります。前日と同じものをただ出すだけだと「昨日と同じ……」とがっかりされますが、ひと手間加えて別のおかずにすることで、家族の満足度もアップ。できているものを少しアレンジするだけなので、食事の準備の時短にもなります。

ぴーち家のリメイクごはんベスト5

※価格は2024年7月現在

野菜炒め

片栗粉でとろみをつけるのがポイント！

リメイク 皿うどん

揚げた麺《めん》は業務スーパーで5人前200円ほど。野菜炒めをかけるだけ！

リメイク 春巻き

皮も業務スーパーなら、10枚入り100円ほど。野菜炒めの残りを巻いて揚げ焼きにすれば完成！

かぼちゃの煮つけ

アレンジしやすいように薄味で作るのがポイント。

リメイク かぼちゃスープ

鍋《なべ》の中でつぶして牛乳とコンソメスープの素を入れるだけ！

リメイク かぼちゃ団子

つぶして片栗粉を入れ、フライパンで焼きます。砂糖と醤油をからめれば出来上がり！

鮭

ふるさと納税でもらった鮭。焼いてフリーザーバッグに平らに広げて冷凍。

リメイク 万能鮭フレーク

レンジで解凍し、ごはんと混ぜておにぎりにしたり、業務スーパーのこぶ茶（80g 100円ほど）と一緒にごはんにかけてお湯を注ぎお茶漬けにしたり。

食費

〝疲れたとき〟の奥の手におかずを冷凍ストック！

節約！

＼1年で／
67,200円

※週1のお弁当購入を作り置きに変えた場合

1日1回多めに作る夕食は、翌日の夫のお弁当と冷凍ストックにも回します。わが家は**メインの冷蔵庫と単体の冷凍庫の2台持ち。セカンド冷凍庫も活用しながら冷凍ストックを保存**しています。量が1人前程度でも、少しずつストックを増やしていくことで、ちゃんとした4人前のおかずになります。大量に作ることができてストックしやすいのは、ハンバーグや唐揚げなど。ミートソースや牛丼の具も1度に多く作ったものを密封容器に1食分ずつ小分けして冷凍します。ごはんを多めに炊いておにぎりを作って冷凍しておくと、お弁当や朝食に活用できてラクです。

レンジでチンするだけの冷凍ストックは、スーパーのお惣菜《そうざい》やお弁当の購入防止に効果的です。しかも、解凍する際の電気代は2円程度。一から料理をした場合のガス代に比べて割安な上に、手間もかかりません。

スーパーのお惣菜も半額なら許容範囲。お買い得な揚げ物などを見つけたら購入し、フリーザーバッグに入れて冷凍しています。外食に頼りたいときもありますが、割高な上に、子ども連れだと気をつかうもの。冷凍ストックは、疲れたときの強い味方です。

ぴーちのオススメ！ 冷凍食品

おにぎり

冷凍
保存期間
2週間ほど

夕食のときごはんを多めに炊き、いろいろな味･具のおにぎりを作って冷凍。時間がない朝のごはんや子どものおやつはもちろん、休日のお出かけに解凍して持って行けば外食防止になります。

食パン

冷凍
保存期間
2週間ほど

食パンをそのまま冷凍するほか、サンドイッチやトーストする前のピザトーストもラップでくるんで冷凍保存しています。サンドイッチは自然解凍、ピザトーストは凍ったままオーブンで焼けばOK！

味噌汁の素

冷凍
保存期間
1カ月ほど

混ぜた材料を保存容器に入れ冷凍するだけ！　スプーンですくってお湯に溶かせば味噌汁の完成です。

- 味噌（300ｇ）
- 顆《か》粒《りゅう》出汁（大さじ4）
- 乾燥わかめ（20ｇ）
- 切った長ネギ（1本）
- 切った油揚げ（2枚）

豆腐

冷凍
保存期間
3週間ほど

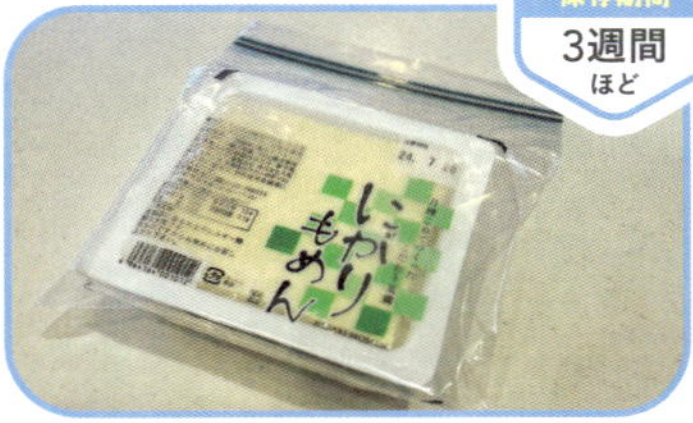

セロファンに穴を開けて水を抜き、フリーザーバッグに入れて冷凍。使う前日に冷蔵庫に移して解凍します。冷凍することで高野豆腐のような食感が楽しめます。炒り豆腐にするのがお気に入りです。

ぴーち流

冷蔵庫&冷凍庫の使い方

私は冷蔵庫と冷凍庫の２台持ち。
ここでは、食品をムダにしない収納方法を紹介します。

メインの冷蔵庫

入れているもの

日々使う食材や調味料

1. チーズやバター
2. 調味料
3. 使いかけのもの（春雨など）
4. 子どものお菓子（夏場のチョコレートなど）
5. 飲み物

作り置き料理を鍋ごと入れるので基本スカスカ。冷気の循環が上がり、電気代の節約になります。

早めに食べなくてはいけないものは、１カ所にまとめています。

収納・管理の3ポイント

1 使いかけはまとめ、賞味期限が近いものは前に出す。
2 種類ごとにまとめ、すべての食材が見えるようにする。
3 ２〜３カ月に1度は冷凍庫の食材を使い切るようにする。

冷凍室（メインの冷蔵庫）

入れているもの

- お弁当用の副菜
- 早めに食べる手作りおかず
- 味噌やジャムなどのよく使うもの

早めに食べるものや、使う頻度の高いもの、細々した冷凍ストックを収納。入り切らないものはセカンド冷凍庫に入れることも。

セカンド冷凍庫

1段目
作り置きおかずや冷凍ごはん

2段目
パンやパン粉
（おつとめ品をまとめ買い）

3段目
肉
（割安な大容量パックを購入）

4段目
魚
（おつとめ品や、ふるさと納税を活用）

5段目
アイスやフルーツ
（サンプル百貨店でまとめ買いしたものなど）

入れているもの

- まとめ買いしたおつとめ品
- 大容量パックの肉やアイス
- ふるさと納税の魚

残量がパッと見てわかるように、食材の種類ごとに収納。

食費

シールの時間のチェックで「おつとめ品」をゲット

節約！

特売品より安いこともある！

セカンド冷凍庫（44ページ）を買ってからは、できるものは何でも冷凍。惣菜以外でも**割引シールが貼られたお得な「おつとめ品」**はフル活用しています。たとえば最近買ったものだと食パン1斤70円、納豆が半額の40円、サンマの干物2枚で140円、豚肉100g50円など。特売品より安く購入できました。でも、おつとめ品を見つけるのはけっこう大変。店によって割引シールを貼る時間はまちまちだからです。

おつとめ品をゲットするには、割引シールが貼られる時間を店舗ごとに把握することが大切です。私はまずいろいろな時間帯にスーパーに行って、シールの貼られる時間を調べてみました。今では、その時間をねらって買い物に行くので、かなりの高確率でおつとめ品をゲットできています。初めは少し面倒でも、近隣スーパーを巡って時間を調べるのがオススメです。

フルーツもねらい目なおつとめ品。傷むのが心配なら、凍らせておけばフローズンデザートになります。特にブドウやバナナ、みかんは冷凍するとシャーベットのようでおいしいですよ。「フルーツは高くてなかなか買えない」という人はおつとめ品をチェックしてみましょう。

おつとめ品ゲットのねらい目

特売日の前日

特売日はそもそもお買い得な日なので、割引シールはあまり貼られません。意外と特売日の前日に割引シールが貼られています。

雨の日

雨などの天気が悪い日は、客足が遠のきます。商品を売りたいスーパー側は、買ってもらうために割引にすることが多いようです。

午前中と夕方

パンや生鮮食品などの消費期限が近い商品は、オープン直後から1時間くらいがねらい目。夕方（閉店の3時間前くらいから）も割引の多い時間帯です。

店舗によって
違いはありますが、
これらのタイミングを中心に
リサーチしてみるといいです

食費

お得な青果店は地図アプリで一発検索！

節約！

スーパーの半額ほどで買えることもある！

肉や魚、パンはスーパーのおつとめ品（48ページ）、調味料は業務スーパーやPB（54ページ）、残る主要食材の「野菜」はGoogleマップでお得にゲットしています。その方法は、Googleマップで「八百屋」を検索するだけ。

Googleマップでは小さな青果店まで表示されます。商店街や町の青果店はスーパーより安い上に、**見切り品や規格外品などがお得な値段で売られていることが多いもの。**1袋198円の玉ネギが青果店だと100円、熟したバナナなら6本で50円なんてことも。熟したバナナは甘いのでお菓子作りにもぴったりです。閉店間際にはもっと安くなることもあります。

私の場合、訳あり野菜を格安で売っている小さな青果店をGoogleマップで見つけたことで、食費がかなり節約できました。スーパーで野菜を買っていたときの半額から3分の2ほどで買えています。ストリートビューで**野菜の価格帯をチェックできる**場合もあります。

私は少し遠出をしたときに**現地の野菜の「直売所」**もGoogleマップで検索します。新鮮な野菜を安くゲットできるので、お出かけがさらに楽しくなりました。

ガソリン代の節約もポイント！

車で息子の保育園のお迎えに行くついでに、Googleマップで検索して見つけた青果店に立ち寄ることも。ただし、ガソリン代は極力節約が基本です。

アプリで価格をチェック

近隣のガソリンスタンドと価格が、ひと目でわかるアプリ「gogo.gs」。近隣でどこが安いかわかるので、お出かけのときも便利。

支払いは楽天ポイントで

カード支払いに使えない期間限定の楽天ポイントは、ガソリン代の支払いに活用。これでポイントがムダになりません。

荷物はすぐに降ろす

重たい荷物を載せたままだと、燃費が悪くなります。不要なものは積まずに、車体を軽くすることでガソリン代の節約に。

ふんわりアクセル

アクセルを踏むときに、ガソリンを多く使います。そのため、急発進せずにアクセルはふんわりかけることで、ガソリン代も節約。

なるべく徒歩で行く

歩いて20分以内であれば、お散歩がてら徒歩で買い物に行くこともあります。運動不足の解消にもなって一石二鳥！

食費

お家《うち》のプチぜいたくパーティーで家族も大満足！

節約！

＼1年で／
138,000円

※週1回の外食を2カ月に1回に減らした場合

外食は家計を圧迫しやすい原因の1つです。1回の外食で3000円かかったとして、毎週行くと月に1万2000円。そのため、「ラクをしたいから」「疲れたから」という理由だけでは外食しないことにしています。でも、家族に普段と違う食事を味わってほしい気持ちもあります。

私が実践しているのは、外食の代わりに、**フライパン焼き肉や手巻き寿司《ずし》、手作りピザなど、作る工程をみんなで楽しめる、プチぜいたくな夕食**を家で楽しむこと。たとえば、「おつとめ品」のお肉なら、2000円で大満足な焼肉になります。お店で食べると5000円は超えるので半額以下！　フライパンと百均のアルミパネルを使うことで後片付けもラクチンです。

最近では、夫がたまに本格的なラーメンやカレーを作ってくれます。ラーメンに載せるチャーシューや煮卵も手作り。**ラーメン店と同じようにおいしく、断然安い**のがうれしいところ。本格料理は夫の趣味になりつつあります。パートナーが浪費家で悩んでいる人は、趣味に料理を勧めるのも手かもしれません。このように外食の頻度を減らして、家でプチぜいたくごはんを楽しめばお財布にやさしいだけでなく、家族も大満足です。

激安！パーティーメニュー

手巻き寿司

刺身はカットされたものよりさくで買ったほうが断然安いです。特に旬のものは安く、ブリやカツオは100ｇ130円ほどで購入できることも。

お得！

この日のネタ

- おつとめ品の納豆（40円ほど）
- ツナマヨ（ふるさと納税のツナ缶を使用）
- さくで買った刺身（100ｇ130円ほど）
- カニカマ（170円ほど）

山盛り唐揚げ

業務スーパーで買った鶏むね肉2kg1000円を全部唐揚げに。家族みんなが大好きなメニューなので、山盛りの唐揚げに大満足です。余った分はフリーザーバッグに入れて冷凍し、お弁当などに活用しています。

お手軽サムギョプサル

100ｇ120円ほどの豚バラのブロック肉を、焼き肉の厚さに切ってフライパンで焼きます。焼いた豚バラ肉とごはんをレタスに載せてコチュジャンやごま油で作ったタレをかければ、いくらでも食べられます。

食費・日用品費

食品と日用品は品質もコスパもいいPB《プライベートブランド》で

節約！

買うものを替えるだけで節約効果大！

食品の買い物は普通のスーパーのほかに、「業務スーパー」「ドン・キホーテ」「ドラッグストア」を活用することでかなり節約になります。それぞれお得なものが異なり、量が多くコスパもいい業務スーパーでは調味料や冷凍食品、ドンキでは賞味期限間近の掘り出し物、ドラッグストアの食品コーナーではもやしや卵、豆腐、ヨーグルトなどいわゆる「白いもの」がねらい目。

スーパーで買い物するならPB（プライベートブランド）を活用するといいです。オススメは、イオン「トップバリュ」、ドンキ「情熱価格（現在はPB＝ピープルブランド）」、西友「みなさまのお墨付き」。PBは実は大手メーカーが製造しているものが多く、**大手メーカーの商品と原材料がほぼ同じなのに値段が3分の2**なんてこともあります。

カビ取り用洗剤や漂白剤などの日用品もPBを愛用。イオンは、毎月20日と30日にWAON払いで購入すれば5％オフになるのでさらにお得です。子どものお絵描き用に、トップバリュのコピー用紙（500枚348円）も買っています。百均の自由帳（25枚100円）の5分の1の価格で、1枚ずつになっているから友だちへの手紙にも使いやすいと娘もお気に入りです。

ぴーちのオススメ商品

※2024年8月現在の価格

純粋はちみつ

(業務スーパー)
1kg
398円(税別)

レモン果汁と一緒に、炭酸水メーカーで作った炭酸水で割ってレモンスカッシュに。

ライスペーパー

(業務スーパー)
400g
298円(税別)

残り物のおかずを包んだり、細切りにして麺のようにしたり。無添加なのもうれしいです。

トリノで作ったトマトパスタソース

(業務スーパー)
680g
348円(税別)

大容量でとにかく安い！ パスタのほか、ピザトーストを作るのにも使っています。

フライドポテト

(業務スーパー)
ナチュラルウェッジ
1kg
348円(税別)

牛肉だしの素

(業務スーパー)
100g
108円(税別)

フライドポテトは、子どもが大好きなメニュー。外食だとお金がかかってしまいますが、買った冷凍のものなら節約になります。牛肉だしの素で味付けするのがオススメ！

日用品費

ペーパー類は1年分をふるさと納税でゲット

節約！

家まで運ぶ手間がないのもラク！

お得な制度としてよく耳にする「ふるさと納税」は、特定の自治体に寄付をすると寄付額のうち2000円を引いた金額が翌年の所得税と住民税から控除されるというもの。ネットから簡単に申し込めて、寄付した自治体の名産品が返礼品としてもらえます。つまり、**実質2000円の自己負担で、さまざまな商品がゲットできる**のです。返礼品には、高価なフルーツや和牛などの各地の名産品がたくさんありますが、**ぜいたく品ではなく日用品をもらう**のがぴーち流の活用術。

毎年頼むのは、トイレットペーパーとティッシュペーパー。ペーパー類は複数の自治体からいろいろな商品が出ているので、コスパのいいものを計算して選んでいます。ふるさと納税は節税や節約になるだけでなく、**重いものやかさばるものでも自宅まで届けてもらえる**こともメリット。買い足す手間がなくなるので、時間の節約にもなります。日用品のほか、冷凍の鮭やツナ缶などの食品もオススメ。最近魚が高いので、ふるさと納税で手に入るのはうれしいことです。

年収や家族構成によって寄付金には上限があり、確定申告が必要になるケースもあります。上限額はふるさと納税サイトでチェックしましょう。

ふるさと納税で節約！

ふるさと納税でこんなにもらえる！

年収 400万円（夫）
夫婦共働き・子ども2人（0〜15歳）の場合

限度額 約44,000円
※自己負担2,000円

トイレットペーパー 200m 48ロール	16,000円
ティッシュペーパー 220組×5箱×12セット	14,000円
お米 15kg	11,000円
ジャム 3種類	3,000円

ふるさと納税によって税金を先払いするだけで、こんなに商品がもらえるのです。翌年の所得税と住民税から控除され、自己負担は実質2000円！

※寄付する自治体によって金額などは異なります
※家族構成によって限度額が異なるので、ふるさと納税のサイトでご確認ください

ふるさと納税の仕組み

自分で選んだ自治体に寄付すると、国に納める所得税や自分が住む自治体に納める住民税の額が減ります。その上、寄付した自治体からは返礼品がもらえるのです。

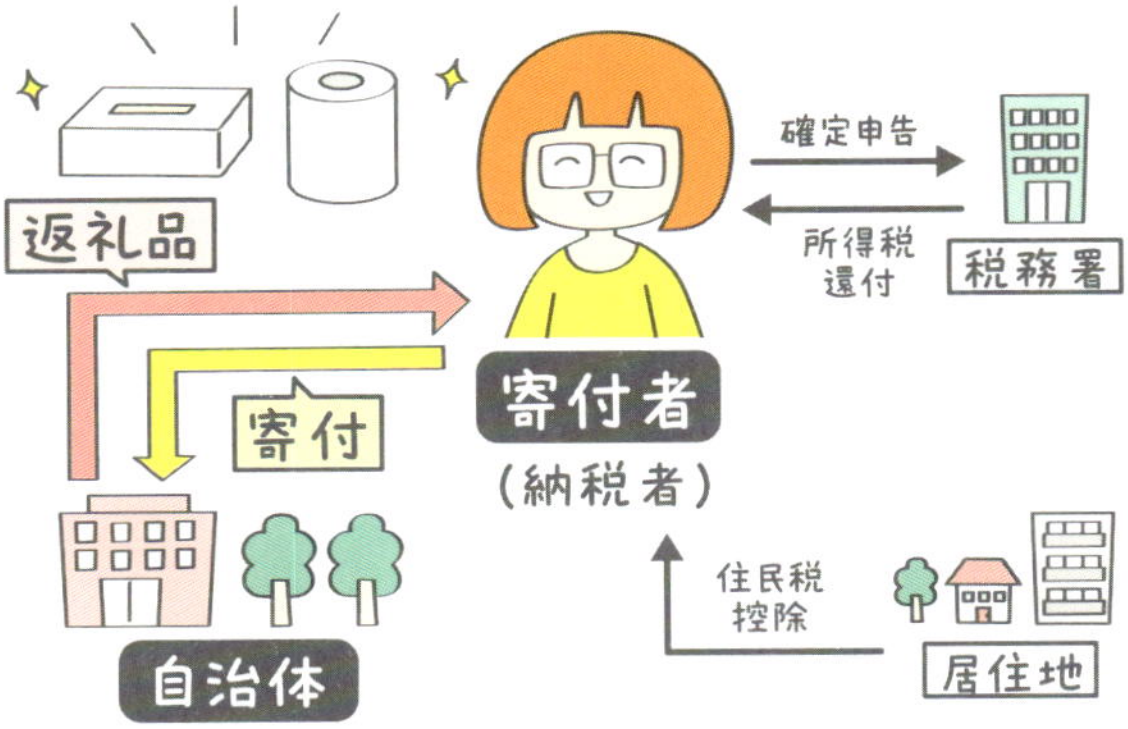

日用品費

よく使う日用品は安いときにまとめ買い

節約！

お得な上についで買いの防止にも

シャンプーやコンディショナー、食器用洗剤など、毎日使う日用品はネットで安いときにまとめ買い。そうすると、**安いだけでなくポイントもつく**のです。たとえば、楽天お買い物マラソンの開催中にまとめ買いすれば最大11倍のポイントがつくこともあります（過去実績）。楽天ポイントはガソリン代やクレジットカードの支払いに使えるので、現金と同じ。最近だと、「サンプル百貨店」でシャンプーとコンディショナーを1個当たり131円で購入しました。シャンプーとコンディショナーはドラッグストアやディスカウントストアの掘り出し物もねらい目です。

私は服や雑貨など、ものを増やさないようにしているので、買いだめした日用品のストック置き場を確保できています。**まとめて1カ所に置くことでストックの量が1度で確認できます。**

逆に、**使用頻度の少ないものは、どんなに安くなっていても1つしか買わない**ようにしています。たとえば酸素系漂白剤は、1個買えば1年はもつのでまとめ買いはしません。初めて見る商品も、効果があるかわからないし、使っても飽きてしまうかもしれないので、買う場合にはお試しとして1つだけ買います。

まとめ買いにオススメのサイト

楽天市場

ポイントが貯まりやすく使いやすい！　月に1回ほど開催される「楽天お買い物マラソン」の日は、買い回りすることで最大11倍のポイントがつく（過去実績）ので、この日にまとめ買いするのがオススメです。

サンプル百貨店

賞味期限の近い食品やパッケージ変更になった日用品を格安で購入できます。大量に届くものが多いので置き場所の確保が必要ですが、掘り出し物も多いので愛用しています。

アエナ

実店舗も増えてきているオフプライスストア。特に化粧品などが安く、大手メーカーのものが80％オフで売られていることも。送料が無料になるのは購入金額5,400円以上なので注意しましょう。

Kuradashi

フードロス対策に取り組んでいるショッピングサイト。加工食品やお酒などの廃棄予定のものをお得に購入できます。過去にエビフライ10尾118円というびっくり価格で購入したことも！

日用品費

日用品のシェアでラクラク節約

節約！

安く済む上に買い物の手間も減る！

まとめ買いで安くゲットしたシャンプーなどは、**家族みんなで同じもの**を使っています。浴室には、「シャンプー・コンディショナー・石鹸」の3点セットが置いてあるだけ。石鹸は体を洗うだけでなく洗顔にも使っています。頭皮の脂が気になるという夫は、洗浄力が高いからと石鹸で頭を洗っています。シャンプーよりも頭がさっぱりすると、お気に入りです。肌が弱く少しお高めのボディソープを使っていた息子も、肌の調子がよくなってきたので石鹸にシフト。使うものの種類を減らせば、詰め替えや在庫の管理もラクチンです。

お風呂はなるべく家族みんな同じ時間帯に入っています。フレックスタイム制の夫は17時半には帰ってくるので、そのタイミングでみんな続けて入るようにしています。追い焚《だ》きの頻度も減り、ガス代の節約になります。

できるものは何でも家族でシェアすれば、節約になります。日用品だけでなく、**バッグやサンダルもシェア**。私が普段使うバッグは夫のおさがり1つだけですが、荷物が多いときは大きいカバンを借ります。娘が成長したので、最近ではサンダルをシェアできるようになりました。

家族でシェアが節約のカギ

日用品をシェア

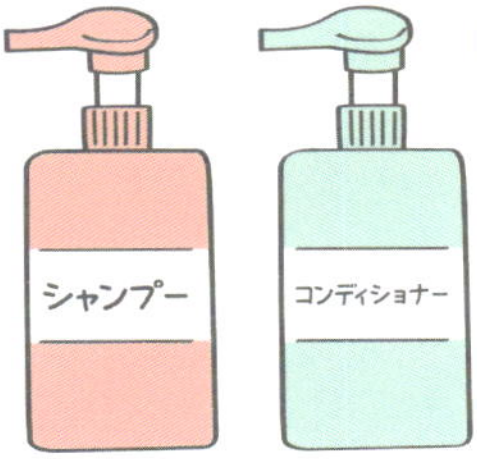

どちらも
131円
(58ページ)

70~
90円

わが家では体と顔を洗うのに固形石鹸を使っています。牛乳石鹸の青箱やコスパのいいほかの固形石鹸も愛用。

持ち物をシェア

ポーチ

娘が学校に持って行っている巾着(ランチマット入れ)を、私がポーチとして使うことも。

バッグ

私の母が趣味で作った小ぶりなトートバッグを玄関に置き、家族でシェアしています。

水筒

3サイズを用意し、気温などに合わせて持っていく水筒を替えています。

シェアすれば
ものも減って
すっきり!

日用品費

コスパ◎の手作り化粧水で肌トラブルも解消！

節約！

\ 1年で /
45,000円

※化粧水・乳液に月4,000円かけていた場合

作れるものは自分で作るのがぴーち流の節約術。化粧水も手作りしています。ドラッグストアなどで買える**グリセリンと精製水を混ぜるだけ**です。グリセリンは500mLで600円ほど、精製水は500mLで100円ほど。ドラッグストアのアプリクーポンを使えばさらに安く買えます。添加物が入っていないので、肌にやさしく、保湿効果もあります。洗顔して、この化粧水をつけたあとには**乳液代わりとしてスクワランオイル**を使っています。こちらは楽天市場で1000円ほど。スクワランは皮膚の中にも存在している潤い成分で肌にもやさしく、保湿と肌のバリア機能も高める働きがあります。**数滴で済むのでコスパもよく、髪の毛にも使える**すぐれもの。パサついた髪の毛もしっとりまとまります。

独身時代は1本2000円ほどする化粧水を使っていましたが、吹き出物ができたり乾燥したりとお値段に見合った効果を感じられませんでした。でも、手作り化粧水とスクワランオイルを使うようになってからは、肌トラブルはなくなりました。肌質は人それぞれですが、高い化粧品を使っていても効果がないという人は、手作りのものを試してみてもいいかもしれません。

簡単！ 手作り化粧水の作り方

使うもの

- グリセリン…小さじ2
- 精製水…………95mL
- プラスチックボトル（百均でOK）

100mLで
30円ほど！

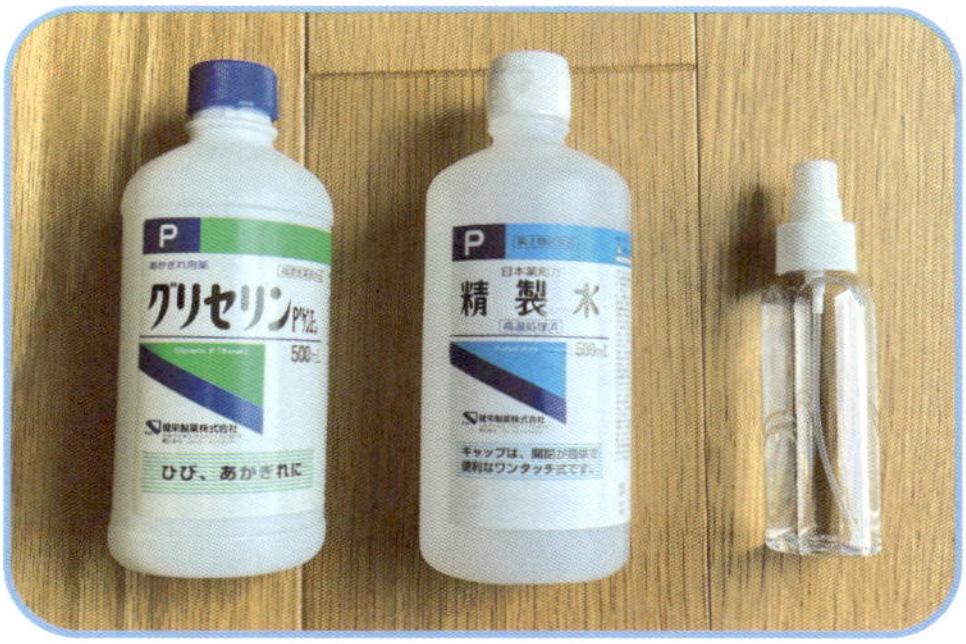

作り方

プラスチック（ガラスも可）の100mLのボトルに上記の材料を入れ、よく振って混ぜれば出来上がり。

ポイント

- アルコールに対応しているプラスチックボトルを使用してください。
- プラスチックボトルは、使う前にアルコールで消毒します。その際にゴム手袋やビニール手袋をつけましょう。
- 使う前にパッチテスト（※）を行います。
- 防腐剤無添加なので、できた化粧水は冷蔵庫に入れ1週間程度で使い切りましょう。

※使用して肌に異常がないかを見るテスト。清潔にした上腕の内側に化粧水を少量塗り、30分後に赤みやかゆみがないか見ます。問題なければ、そのまま1、2日様子を見ます。入浴する場合は、そこを濡らしたりこすったりしないようにします

日用品費

粉洗剤ならコスパも洗浄力も文句なし！

節約！

1年で
8,200円

※毎日30L×２回
洗濯した場合

洗濯にはコスパがいい粉洗剤を使っています。以前は液体洗剤を使っていて、どうやって安く買おうかと試行錯誤していました。そんなとき、YouTubeで「液体洗剤を粉洗剤に替えては？」というコメントをいただき、その発想にハッとしたのです。

視聴者の方たちにオススメの粉洗剤を聞いて、その中のいくつかを実際に試して選んだのが、コメリの粉洗剤。詰め替え用なら900g入り168円のところ、ショッピングサイトのクーポンを使って118円で買えました。息子は鼻血が出やすい体質なのですが、**粉洗剤の洗浄力は高く**、鼻血汚れも落ちてびっくり。服を汚す小さな子どもがいるご家庭にはオススメです。

また、**タオル類は白しか買わない**ことで、色落ちがしない割高な色物用漂白剤を買わずに済んでいます。ハンドタオルなどの除菌・漂白には格安の塩素系漂白剤を活用。ちなみに、洗濯を重ねると生地が傷みますよね。私は自宅で仕事をしているので、平日息子を保育園に送ったあとはすぐに部屋着に着替えて、外出着を洗濯する頻度を減らしています。洗濯物の量が減る上に、外出着も長持ちし節約につながっています。

断然お得な粉洗剤!

液体洗剤と粉洗剤のコスト

メーカー・商品名	価格	洗剤代※
コメリ・L'CREST(ルクレスト) 白さのホワイトバイオ 洗濯用洗剤詰め替え用　900g	168円	4.6円
某有名メーカー 液体洗剤　880g	465円	16円

※30Lの洗濯1回分

粉洗剤なら
液体洗剤の
3分の1以下の
コストで
洗濯できます!

冬の粉洗剤の使い方

1. 小さい洗濯ネットに、粉洗剤を入れます。

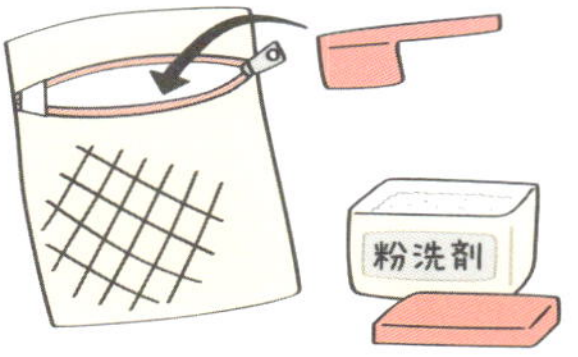

ネットに入れれば
粉残りしない!

2. 洗濯ネットのファスナーを閉め、洗濯槽に入れます。

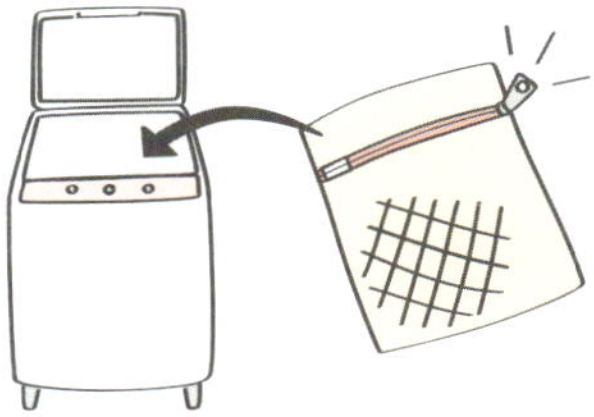

ポイント

- 水が冷たい冬場は、粉残りを防ぐために、小さい洗濯ネットに入れましょう。目が細かいもののほうがオススメです。粉洗剤専用のネットも売られていますが、私は家にあった百均の下着用のネットを活用。
- ネット内の洗剤が溶けきらないことがあるので、洗濯ものは詰め込みすぎないようにしましょう。

日用品費

掃除にはセスキ水・クエン酸水が大活躍！

節約！

1年で **4,800円**

※月に1本使う掃除スプレーをやめた場合

わが家の掃除では、**セスキ水とクエン酸水**が大活躍。百均のセスキやクエン酸に水を加えてスプレーを作り、コンロや洗面台の掃除に使っています。簡単に作れて、コストもスプレー1本につき数円ほど。このスプレーを活用するようになってから、油汚れ用の掃除スプレーなどは買わなくなりました。

汚れがひどいときは**食器用洗剤を活用**。キッチンまわりはもちろんお風呂やトイレの掃除、水で薄めてフローリングやガラスの拭き掃除にも活用しています。用途別にさまざまな洗剤が売られていますが、実は成分はほとんど同じ、界面活性剤や安定剤です。だから、用途別に洗剤をそろえる必要はなく、**汚れの具合によって食器用洗剤とセスキ水、クエン酸水を使い分けるだけ**でＯＫ。これらを活用すれば節約になるだけでなく、買い足しや詰め替えの手間も減ります。

また、汚れがそれほどひどくない場合には、水拭きだけでも十分きれいになります。百均で買えるアクリルバススポンジもオススメ。入浴後に浴槽をサッとこするだけできれいになるので、洗剤はいりません。

セスキ水&クエン酸水で家中お掃除!

セスキ水

使うもの

- 水…………500mL
- セスキ……小さじ1
- スプレーボトル(百均でOK)

掃除する場所

- キッチン回り
- 入浴後の風呂場の床やバスグッズ

使えない素材

木や畳、アルミなど

油汚れに強いのが特徴。キッチンのシンクの汚れやコンロ、壁、床のべたつきにスプレーして、固く絞った濡《ぬ》れ雑巾《ぞうきん》で拭けばOK。油汚れのひどい食器にスプレーしておくと簡単に汚れが落ちるので、洗剤や水の節約に。入浴後に浴室の床やバスグッズにスプレーすると、湯《ゆ》垢《あか》やぬめりの防止になります。

クエン酸水

使うもの

- 水……………500mL
- クエン酸……小さじ2
- スプレーボトル(百均でOK)

掃除する場所

- 洗面台
- トイレ

使えない素材

大理石や鉄など

水垢や尿汚れに強いのが特徴。洗面台やトイレにスプレーして水拭きします。さっとスプレーしただけなら、トイレットペーパーで拭くのでもOK。黄ばみは、スプレーしてトイレットペーパーで覆い2～3時間放置。その後再度スプレーしてブラシでこすって汚れを落とします。

セスキ水もクエン酸水も、
材料をスプレーボトルに入れて
振るだけで作れます

日用品費

ウエスをフル活用して〝クリーナー〟いらず

節約！

＼1年で／
4,800円

※週に1パック使う掃除シートをやめた場合

家事をするのに何かと重宝するのがウエス（汚れを拭き取る使い切りの布）です。**破れたシーツやボロボロになった古着など、いらない布は小さくカット**。ウエスにしたら、箱にひとまとめにしてキッチンの収納にストックしています。

私は、フライパンの油や鍋の汚れを拭き取るのに使ったり、水を含ませてかたく絞って床拭きに使ったりしています。小さく折りたたんで、トイレやレンジといった室内掃除だけでなく、玄関のポストや洗濯用の物干し竿《ざお》など屋外のものを拭くときなど、ウエスはいろいろな場所の掃除にフル活用しています。

ウエスを使うようになったのは、節約のために買うものを減らそうとしていたことがきっかけ。当時買っていたものの代わりに使えるものはないか探していたんです。**フローリング掃除用のウェットシートやトイレ掃除用シートは買うと割高**。そこで不要な布を使うことを考えました。このようになるべくものを買わずに家にあるもので代用すれば、自然と出ていくお金が減っていきます。

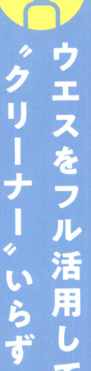

無料のウエスで家中掃除！

オススメの素材

水をよく吸収する生地

- シーツ
- シャツ
- タオル
- Tシャツ

不向きな素材

つるつるした生地

- アウター
- スカート
- ブラウス

ケースに入れて
キッチンに収納

ふきん程度の大きさ（30㎝×30㎝）にカットすると使いやすいです。シーツやタオルなどは、切り込みを入れて手で引き裂くようにすると、使っているときにほつれにくくなります。

使用している場所

- フローリング
- 洗面台
- IHレンジ回り
- 物干し竿
- トイレ
- シンク
- ポスト

よく使う場所に
ひとまとめにしておくと、
使うときにラクです

被服費

洋服は「先読み買い」でお得にゲット

節約！

＼1年で／
110,000円

※4人家族の年間被服費の平均149,760円（令和4年「家計調査報告書」）から計算

衣類は「ほしい！」と思ったときに定価で買うのではなく、**シーズンオフに翌年を見越して安く買う**のがぴーち流。それが「先読み買い」です。しまむらや西松屋、イオンなどでは、冬物は2月頃、夏物は9月頃からどんどん値下げされていき、最終的には１００円という投げ売り価格までダウン。インスタグラムなどで発信されるセール情報をこまめにチェックしておけば、値下げされているか確認するために足を運ぶ回数も減らせます。

先読みして買った子ども服は、来シーズン用の衣類ケースにまとめて保管。ひとまとめにすることで、しまい込んだまま忘れるというムダはありません。消耗品もセール時にまとめ買い。靴下は3足１００円、夏物のインナーも１００円程度で購入し、クローゼットの引き出しにストックしています。子どもの靴下は穴が開きやすいので多めにストックし、必要なときに出しています。

先読み買いで注意したいのが、「買いすぎること」です。結局着なければそれこそムダ遣い。防ぐためにも**セール前に必要なアイテムと枚数をメモ**しておきます。特にすぐにサイズアウトしてしまう子どもの服は、「１４０㎝シャツ：２枚」「１４０㎝ズボン：２枚」というように必要なサ

子ども靴も先読み買い

子どもの靴はイオンのセールがねらい目。有名メーカーの靴が半額で買えることも。セールは不定期なので、私はイオンのスーパーで買い物する際、必ず靴売り場も確認するようにしています。

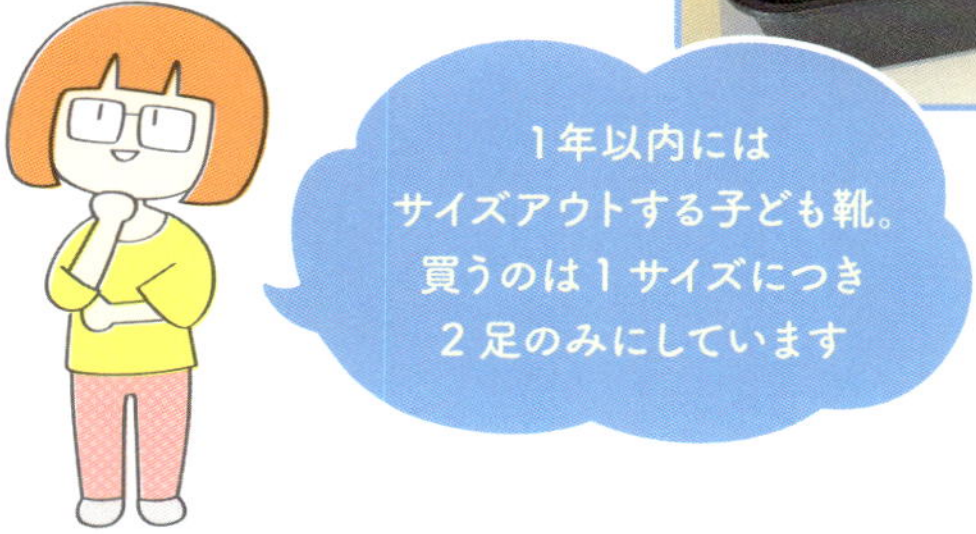
1年以内には
サイズアウトする子ども靴。
買うのは1サイズにつき
2足のみにしています

イズと枚数を具体的にします。

時間のあるときに手持ちの服の枚数を数えておくといいです。枚数だけでなく、「ストライプのTシャツ」「花柄のスカート」など、服の特徴も書き出しておくとより効果的。そうすることで、「花柄はほとんど着ないし、いつも無地のトレーナーばかり着ている」など、**自分や家族の好みの傾向がわかり、「買ったけれど着なかった」ということがなくなります。**

ちなみに、私の服はメンズやキッズも視野に入れて探します。メンズのMサイズやキッズの160㎝の服を買うこともあります。探す範囲を広げることで、格安でゲットできる率を上げられるのです。

被服費

おしゃれ着こそセールと古着でOK

節約!

数万円のものが数百円で手に入る!

私にとって、着る頻度の少ない服にお金をかけるのはもったいないこと。子どもの学校行事に出席するためのフォーマル服は、しまむらのセールで数百円で買ったスカートと、メルカリで1000円で買ったジャケットです。それに、百均の材料で手作りしたコサージュをつけて出席。**子ども用のフォーマル服は1年前からリサイクルショップやメルカリをリサーチ**し、数百円で手に入れました。いざというときに急いでそろえると、高くついて痛い出費になるものです。フォーマル服は中古でも美品が多いので見劣りしません。

ちなみに、夏祭りで着るゆかたやハロウィンの衣装もメルカリやジモティー、リサイクルショップでゲットしています。季節ものは何でも、**シーズンオフに来シーズン用を買うのが安上がり**。必要なものをいろいろと見越して、アンテナを張っておくのがポイントです。

私は持っている服の枚数が少なく、友人と遊ぶとき用のおしゃれ着も各シーズン1セットずつしか持っていません。それは、リサイクルショップで安く購入したブランド品。友人との会食には毎回同じ服を着ていますが、年に数回しか会わないので、おそらくバレていません(笑)。

メルカリ・ジモティー活用術

メルカリ

言わずと知れたフリマアプリ。お手頃価格なので、フォーマル服や子ども服のまとめ買いに便利です。食品も意外と安く、農家から出品される訳ありみかんを、スーパーの3分の2程度の金額で箱買いするのが冬の恒例。不用品を売ってお小遣い稼ぎをしたりと売るほうでもフル活用しています。

ジモティー

ご近所さんと直接やり取りができるウェブサイト。子どものおもちゃや勉強机、ロフトベッド、キッズチェアはジモティーでのいただきもの。お得にゲットするコツは、アプリを入れて頻繁にチェックすること。処分にお金がかかる大きな家具は、出品することで処分代の節約にもなります。

被服費

子どもの服を長く着るにはレッグウォーマー

節約！

服を買い替えるよりも安く着続ける！

成長期の子どもの服は、すぐにサイズアウトします。それを少しでも長く使えるようにひと工夫。たとえば、ズボンのウエストなどはぴったりでまだ穿《は》けるのに、丈が短くなってしまったときは、レッグウォーマーがあれば解決。ズボンから出た足首を隠してくれて、しかもおしゃれ！**レッグウォーマーさえあれば、ズボンが七分丈になるまで穿けます。**百均でも買えますよ。

子どもは、すぐに服に穴を開けたり汚したりするので、新品はあまり買いません。特に5歳の息子は服にこだわりがないこともあり、おさがりやフリマ、ジモティー、メルカリ、しまむらのシーズンオフセールで投げ売りになった１００円服などをフル活用しています。フリマ探しには、開催日で検索できるサイト「フリマガイド」が便利。フリマは、掘り出し物が多いオープン時か、投げ売りされる終了前に行くといいです。

10歳の娘はおしゃれに敏感になってきました。娘の服の好みは把握しているので、シーズンオフセールでは**好みに合って気に入ってくれそうな服**を選んでいます。一緒にリサイクルショップに行って、娘が服を選ぶことも。ちなみにリサイクルショップは、シーズンオフではなく、夏物だ

子ども服はかわいく再利用

サイズアウトして着られなくなった服はフリマアプリに出品。ボロボロで処分予定の服のボタンやファスナーなど使えそうなパーツは取っておき、ヘアアクセサリーやポーチにリメイクしています。かわいい服の生地は娘のヘアアクセサリーに。使えなそうな生地はウエスに活用します（68ページ）。

と7月頭ぐらいからと少し早めにセールをします。よく利用するリサイクルショップのLINEをお友だち登録し、セール情報はこまめにチェックするようにしています。

「中古の服はかわいそう」という意見も耳にしますが、子ども次第だと思います。まだ10歳の娘は、服に強いこだわりはなく私が買った服も喜んで着ています。衣替えのときにする、昨年買っておいた服のお披露目会が、娘の楽しみにもなっています。

将来子どもに「中古の服はイヤ」「○○の店の服がいい」などのこだわりが出てきたら、予算を決めた上で希望を叶《かな》えてあげたいと思います。そのため、子どもが幼い今のうちに被服費をしっかり節約しています。

レジャー費

飽きずに家族で楽しめるアウトドアのひと工夫

節約！

お金をかけずに子どもが楽しめて勉強にもなる！

お金をかけないレジャーといえば、公園やハイキングといったアウトドアがまず思い浮かぶと思います。ただ、いつも同じような遊び方をするのでは、子どもが飽きて行きたがらなくなることもあります。子どもとアウトドアを楽しむために、私は遊び方をちょっと工夫しています。

わが家はハイキングに行くとき、**子どもに使わなくなった古いスマホを持たせて、好きなように写真を撮影させています**。子どもも楽しいですし、私も子どもが見ている世界を見ることができて楽しいです。Ｇｏｏｇｌｅレンズを活用して、変わった植物や昆虫の名前を自分で調べてみるのもオススメ。Ｇｏｏｇｌｅレンズとは画像で検索できる無料アプリです。いろいろな情報が見られるので勉強にもなります。

ちなみに、撮影した写真は「ＰＩＸＴＡ」や「スナップマート」などのサイトでフォトストックとして売ることもできます。楽しみながらお小遣い稼ぎができるのはいいですよね。

休日のお出かけには、ｉＰｈｏｎｅに標準搭載されているヘルスケアアプリも便利。歩数や消費カロリーをチェックできるので、たくさん歩いたときは達成感を味わえます。

休日レジャーの節約アイデア

お弁当と水筒を持参

公園などに行くときは、解凍した冷凍おにぎりやおかず、水筒を必ず持参。お弁当を食べられない場所に行くときは、昼食を早めに食べてから出かけています。

散歩にはGoogleレンズ

出かけた先で、スマホでGoogleを開きカメラマークをタップ。植物や昆虫を撮影すると、名前や詳細が出てきます。もちろん無料。遊びながら学ぶことができます。

拾った素材で２度楽しむ

山や海に行ったら、どんぐりや松ぼっくり、シーグラスなどを持ち帰ります。翌日はそれらで工作遊び。冬には、木のつるでクリスマスリース作りもします。

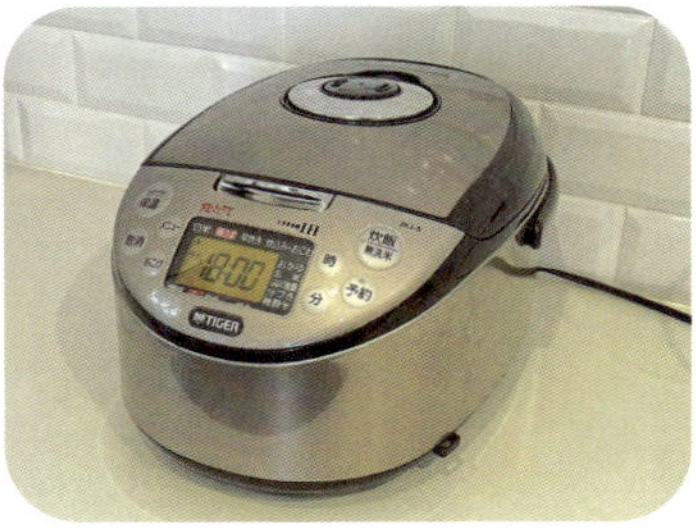

炊飯器をセット

帰りが夜になるときは、炊飯器のタイマーをセット。おかずは冷凍ストック（44ページ）をチンするだけ！　食事の支度がラクなので、外食防止になります。

レジャー費

補助金などの情報収集で家族旅行もお得に楽しむ

節約！

＼1年で／
46,000円

※年に旅行で4万円、レジャーで6,000円節約

私の趣味は、補助金やクーポンの情報収集です。仕事や家事のすき間時間など、暇さえあれば検索しています。補助金やクーポンを活用すれば、旅行やレジャーに安く行けて家計にやさしい上に、家族も大満足。私たち家族は年に2回ほど温泉を中心に旅行していますが、昨年は沖縄の旅行支援を使い、家族4人で1泊3600円で泊まることができました。特に楽天トラベルは、毎月5と0のつく日に最大20％オフクーポンが出るので要チェック。

メルカリで優待券や割引券を探してみるのもオススメです。カテゴリー検索で「チケット」→「株主優待券・割引券」と絞っていくと、宿泊施設やレストランの割引券などが出てきます。私はこの方法で日帰り温泉の入浴券などをお得にゲットしています。

安く飛行機に乗るには**LCC（格安航空会社）のセール**がねらい目。LCCは機内サービスがなかったり荷物が別料金だったりと注意点はあるものの、大手航空会社よりかなり安く乗れる場合が多くあります。セール時はさらに安く、成田発新千歳行きの航空券が3780円なんてこともありました。セール情報は「LCC.jp」というサイトでまとめて確認できます。

旅行をお得に楽しむ3ステップ

STEP 1 行く場所を決める

図書館で旅行情報誌を借りてきて、家族で行き先を決めたり行程の計画を立てたりします。

行く前から楽しめるのが
旅行のいいところ

STEP 2 宿や飛行機を徹底的に比較

じゃらんや楽天トラベルを使い、気になる宿をピックアップ。宿が決まったら、比較サイト「トラベルコ」でどの予約サイト経由が最安か調べます。飛行機もトラベルコで安い航空会社を探せます。

予約サイトのクーポンも
含めて比較！

STEP 3 現地のお得情報を収集

お金をかけずに楽しめるスポット探しも忘れずに。インスタグラムでタグ検索すると、いろいろな情報が出てきます。遊び場がある宿にすれば出費も抑えられます。

インスタで「#箱根旅行」
などと検索！

レジャー費

音楽にエクササイズも動画サイトで全部楽しむ！

節約！

＼1年で／
170,000円

※カラオケやジム、講座などぴーちが実際に節約できた金額

無料で楽しめるＹｏｕＴｕｂｅを、いろいろなことに活用しています。娘は動画を流しながら、カラオケを楽しんでいます。カラオケボックスなら1時間５００円はかかりますが、ＹｏｕＴｕｂｅならインターネット回線さえあれば、**かかるのは電気代のみ**。最近は折り紙のチャンネルもよく見ています。動画ならわかりやすい上に、折り紙のテキストも買わなくてＯＫです。

私は、エクササイズや資格の勉強に活用。エクササイズはジムに行くと月３０００円はしますが、動画を見るだけならかかるのは電気代のみです。ＦＰ（ファイナンシャル・プランナー）２級の資格を取ったときは、ＹｏｕＴｕｂｅで勉強して一発合格。通信講座で勉強すれば6～7万円のところ、テキスト代と電気代のみで済みました。

電気代もなるべく節約。わが家はチューナーレステレビを置いていますが、使うのは子どもたちがアニメや映画を見るときと、私がエクササイズをするときくらいです。**私1人でニュースなどを見るときはスマホで十分**。スマホはテレビの80分の1の電力しか使いません。また、楽天証券の口座を持っていればネットで日本経済新聞を無料で読めるので、新聞代の節約になります。

YouTubeでこんなに節約！

かかる費用の比較

※インターネットの接続料金のほかにかかるもの

	施設・業者などを利用	YouTubeを活用
カラオケ	カラオケボックス：1時間500円ほど	電気代
エクササイズ	ジム：月3000円ほど	電気代
FP資格の勉強	通信講座：6〜7万円	テキスト代・電気代
七五三の着付け	着付け屋：3000〜1万円ほど	電気代
ヘアカット	美容院：4人家族で8000円ほど	電気代・水道代
DIYやリフォーム	業者：人工芝を敷くのに10万円以上	電気代・材料代

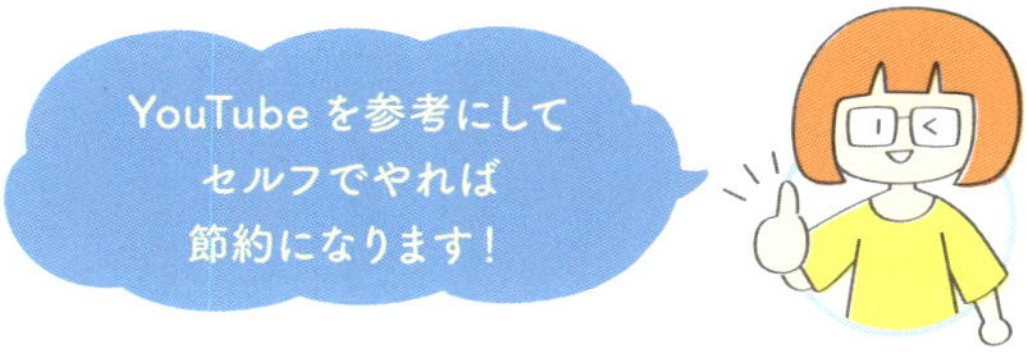
YouTubeを参考にして
セルフでやれば
節約になります！

チューナーレステレビが大活躍

チューナーレステレビは、地上波やBS放送が受信できないテレビ。番組を流しっぱなしにしないので、電気代が節約できます。

わが家のテレビは
50インチで
50,000円弱！

チューナーレステレビのメリット

- 大画面でも通常のテレビより格安。
- つけっぱなしにしなくなり、電気代の節約になる。
- 地上波のCMを見ないので、ムダ遣いの防止になる。

子ども費

教育費の貯蓄のコツは節約幼児教育！

節約！

子どもが小さいうちは百均や中古品の学習でOK!

わが家では、娘と息子それぞれの中学卒業までに1人1000万円の教育費を貯めることを目標にしました。中学からは塾に通うことも想定して早めに教育資金作りを開始し、貯蓄額を達成しました。**教育資金作りのポイントは、幼い頃に教育費をかけすぎない**ことです。たとえば、習い事は小学生になり自分でやりたいことを見つけてから。

英語に力を入れたかった私は、娘が2歳のときに英語教室に入れました。娘の希望ではなかったため、結果、あまり身にならず教室をやめました。それからは親の期待ではなく、**「子どもがやりたいと思ったことをやらせてあげること」**に重点を置きました。

現在、小学生の娘は通信教育とスイミングを習っていますが、5歳の息子は何も習っていません。幼児期は習い事をしなくても、いろいろなことを吸収してくれます。たとえば、虫が大好きな息子に図書館で借りてきた虫の図鑑を毎晩読んであげていたら、あっという間にたくさんの虫の名前を覚えました。今ではダンゴムシのメスとオスの区別ができるくらいです(笑)。

小学3年生までは百均のドリルや、ネットで無料ダウンロードできるドリルが充実しているの

激安！ 手作りひらがなボード

百均で購入したひらがなドリルをクリアファイルで挟み、息子のひらがな練習ボードを自作。200円ほどで作れて、ホワイトボード用マーカーで書いてくり返し使えるので経済的です。

で、**お金をあまりかけずに学習できます。**

ちなみに娘も、3年生まで通信教育はやらずにドリルで勉強していました。楽天お買い物マラソンのときに1年分のドリルをまとめ買いすれば、通信教材の5分の1ほどの金額で済みます。

今は通信教材で学んでいる英語も、以前は中古のディズニー英語システムを使って勉強していました。正規品だと80万円ほどしますが、ほぼフルセットをメルカリで6万円ほどで購入。毎日やることで、娘は英語での簡単な会話ができるほどになりました。

このように工夫次第で、お金をかけずに学べることはたくさんあります。

美容費

自宅美容室で家族全員のカット代を節約！

節約！

＼1年で／
44,450円
※4人家族で美容院を利用していた場合

私は美容師ではありませんが、夫を含め家族みんなのヘアカットを担当しています。美容院で1人あたりのカットに2000円かかるとして、家族4人だと8000円。2カ月に1度行けば、年間4万8000円もかかります。それが、**私がカットすることで0円**で済むのです。

カットの方法はYouTubeで学びました。私の家族のカット歴は8年以上。2カ月に1度切り続けているうちに、かなり上達しました。ポイントは、軽く濡らしてからカットすること。髪がやわらかくなるので、カットしやすくなります。ただし、濡らしすぎるとき乾いているときより髪が下に落ちるので切りすぎてしまうことも。濡らしすぎには注意です。娘には、**理想のヘアスタイルの写真をネットで探してもらって**、その写真のようにカットしています。

ただ、自分の髪の毛をカットするのは難しいので、私は「minimo（ミニモ）」というサロンスタッフ直接予約サービスアプリを活用。このアプリ内では**美容師さんがカットモデルを募集していて、無料や格安でカットやカラーをしてもらえます**。このアプリを活用し年に数回無料でヘアカットをしていますが、いつも仕上がりには大満足です。

セルフカットのためにあると便利な道具

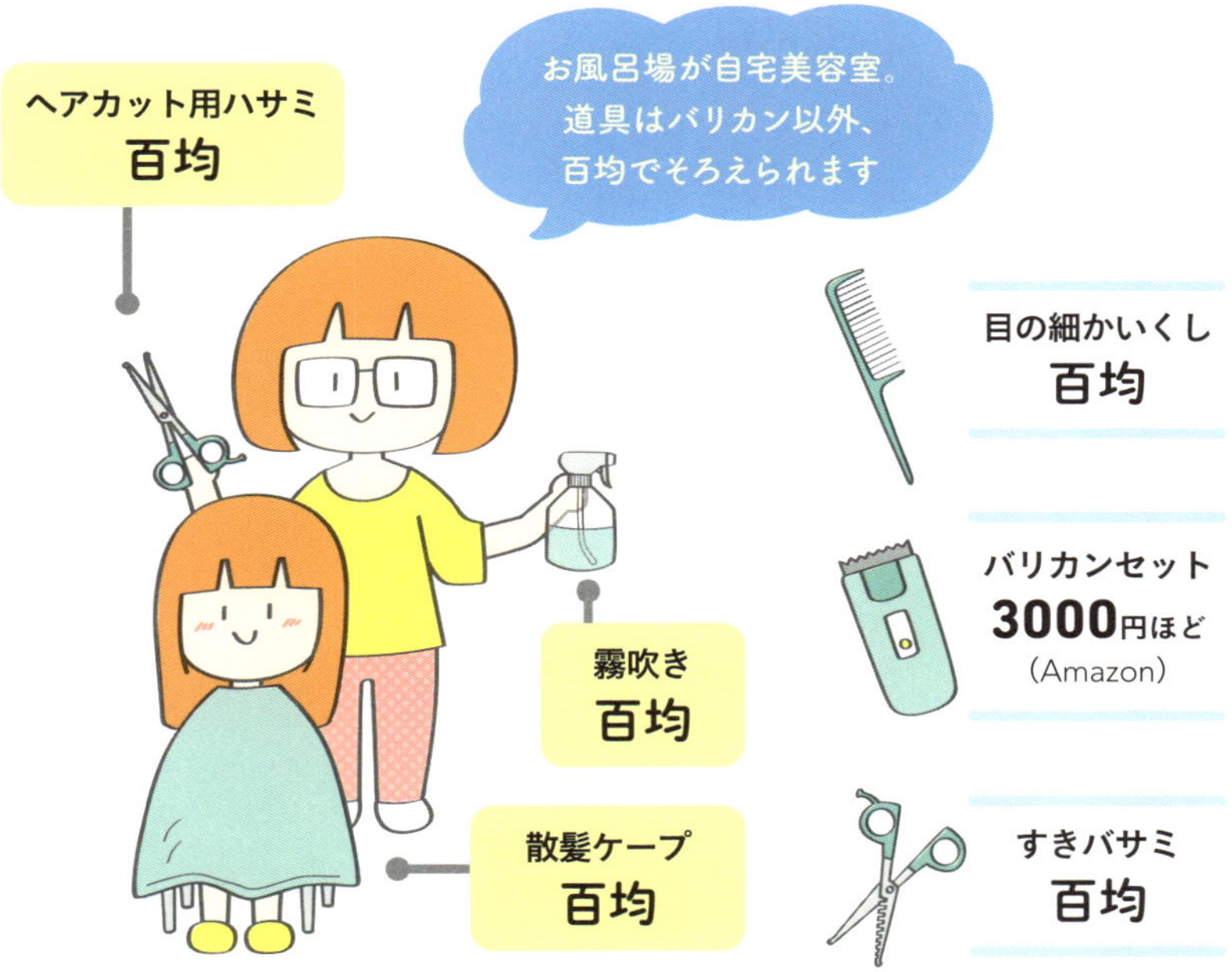

4人家族

美容室 年間 **48,000円**

▼

全部そろえても

自宅でカット **3,550円**

住居費

注文住宅は交渉次第で大幅に安く！

節約！

ぴーちは土地を100万円も安く買えた！

マイホームを建てるために土地を購入した際、値下げ交渉をしました。その結果、なんと100万円ダウン。これは少し賭《か》けでもあったのですが、交渉するときに2点を伝えました。

- **検討中の土地が、ほかにもう1カ所ある**
- **この土地があと100万円安かったら即決する**

実際には、目当ての土地はそのままの値段でも買いたいものでした。でも、ほかに検討中の人もいないということだったので、交渉してみたのです。その結果、値引きしてもらえ無事成約。「値下げしてもらえなければしょうがない」という気持ちでトライしてみるのはアリです。

わが家は注文住宅ですが、7社ほどハウスメーカーの候補を出し、徹底的に比較しました。とにかくいろいろなハウスメーカーに足を運び、理想の間取りを決め、いくらで作れるか見積りを出してもらいました。そのときに「ハウスメーカーAさんはこの値段ですが、御社はこの間取りだといくらになりそうですか?」と聞くのがポイント。**ハウスメーカー同士を競わせる**ことで、私は大手メーカーの半額程度の金額で建てることができました。

賃貸で使える家賃交渉術

マイホームを建てる前、私は賃貸マンションに住んでいました。そのときも交渉をして、家賃を下げてもらうことができました。

❶ 下見をして住む上でのデメリットを伝える

家賃を下げてもらえそうなポイントを大家さんや仲介業者に伝えます。

例) マンションから駐車場まで距離がある。

❷ 安くしてほしい理由を伝える

大家さんや仲介業者が「それだったら値下げしてほしいのも仕方がないか」「値下げしてあげよう」と思うような理由を準備する。

例) ほかに検討している物件は、駐車場が近い。

ポイント

相手のメリットも伝えるのが大事！
たとえば「3年以上は住み続ける」などです。

住居費

固定資産税の節税には小屋裏収納

節約！

家を買う人にオススメな節税対策！

家を建てるときに固定資産税を安くするポイントはいくつかあります。まずは、**必要以上に広い家にしない**こと。広ければ快適だとは限りません。家を建てる際に私と夫はリビングの広さにはこだわりましたが、子ども部屋は4・5畳、寝室は7畳ほどとすべての部屋を広くしたわけではありません。

そして、**「小屋裏収納」を取り入れると、固定資産税を安くすることができます**。小屋裏収納とは天井高が1・4m以下で広さは下階の2分の1以下の収納のこと。いくつかある条件を満たせば延べ床面積や階数に加わらないので、固定資産税の対象とならないのです。ウォークインクローゼットや押し入れには固定資産税がかかるので、物置部屋がほしい場合、小屋裏を取り入れれば節税になります。

固定資産税の支払いはキャッシュレスがオススメ。私はミニストップでWAON払いにすることでJALマイルを貯めたり、楽天ペイで支払って楽天ポイントを貯めたりしています。ただし、毎年ルールや還元率が変わるので、支払い前に調べることが重要です。

税金はこう払えばお得！

固定資産税や自動車税の支払い方法と特徴

	ポイントの有無	自宅支払いの可・不可
現金	×	×
口座振替	×	○
クレジットカード	○	○ ※決済時に手数料がかかる
電子マネー（WAONやnanacoなど）	○	×
スマホ決済（楽天ペイやPayPayなど）	○	○

オススメ！

2023年4月から全国ほぼすべての自治体が、「eL-QR」（地方税統一QRコード）に対応。請求書にあるQRコードをスマホで読み込むだけで、自宅にいながら納付ができるようになりました。

ポイントも貯まって、
外出の時間と手間が
かからない「スマホ決済」が
オススメ！

住居費

デメリットだけじゃない住宅ローン

節約！

長期的に見ればあえてフルローンもアリ！

6年ほど前に注文住宅を購入した際、頭金は一切入れずフルローンを組みました。そのため、毎月9万円ほどローン返済をしています。なぜフルローンにしたかというと、住宅ローンには2つのメリットがあるから。

1つ目のメリットは**「住宅ローン減税」**。自分で住む家を購入・リフォームするために住宅ローンを借りた人が利用できる制度です。わが家は変動金利0・57％で住宅ローンを組んだのですが、この制度のおかげでローン残高の1％が10年間毎年戻ってきます（現在は0・7％、最大13年間）。ローン金利より減税額のほうが大きいので頭金は入れず、10年間は繰り上げ返済もしない予定です。

2つ目のメリットは**「団体信用生命保険」**。住宅ローンを返済している期間内に、契約者に不測の事態が起こった場合、**住宅ローン残高が0円になる保険**です。一部例外はありますが、ほとんどの住宅ローンについています。団体信用生命保険のおかげで、ほかの生命保険は現在利用しておらず、毎月の支出を抑えることができています。

住宅ローンのメリット

住宅ローン減税

住宅ローンを使ってマイホームを**新築・購入・リフォームする場合に、年末時点での住宅ローン残高の0.7%を所得税(一部は住民税)から控除**する制度。控除期間は最大13年間です。新築住宅の購入に使う場合、下の要件を満たす必要があります。また、初年度は確定申告で申請する必要もあります。

新築のローン減税の要件

- 自身の居住用であること
- 合計所得金額が2000万円以下
- 返済期間は10年以上

マイホームを
買う予定のある人は
参考にしてみてください

団体信用生命保険

加入することで、**ローン契約者が死亡した場合などに、返済がまだ残っている分が0円に**なります。借り入れのあとに新たに加入することは通常できないので、気をつけましょう。

お得な返済術もチェック

繰り上げ返済

毎月の返済額以外にローン残高の一部を**予定より前倒しで返済する**方法です。返済が元金に充てられるので、タイミングによってはその分の支払い利息と返済総額を減らせます。

住宅ローン借り換え

もし借りている金利が高い場合、借り換えを検討するのもアリ。借り換えの手数料は、金融機関やプランごとに違うので、**金利だけでなく手数料も含めた総額**で比較・検討しましょう。

光熱費

暑い夏の節電にはエアコンの効率がカギ

暑い夏は電気代がかかります。特にエアコンは消費電力がかかる家電のナンバーワン。なるべく電気代がかからないように上手に使うことが大切です。まず、**「弱冷房除湿運転」**にすると電気代がお得に。ただし、涼しくなるまでに時間がかかるので、猛暑日には「冷房」の「自動運転」に設定しましょう。エアコンは運転を始めるときに一番電力を消費するので、こまめにつけたり消したりせずに、30分以内の外出であればつけっぱなしにします。

運転の設定のほかに、エアコンの節電のポイントは**冷房効率を上げる**こと。扇風機を対角線上に置いて冷気を循環させるようにします。エアコンフィルターを月に1度掃除するのも効果的。フィルターを取り外したら、掃除機でほこりを吸い取り、シャワーで洗い流して水気を切ります。これで年間1223円(※)の節約になります。

外の気温をチェックすることも大切です。夕方以降には、室内よりも外のほうが涼しくなっていることも。そんなときは、窓を開けてその前で扇風機を回し、外の空気で室温を下げると、エアコンのムダ遣いを防げます。

※出典:東京ガス「ウルトラ省エネブック」

節約!

1年で

79,000円

※4人家族の電気代の平均162,384円(2023年「総務省統計局家計調査」)とぴーちの電気代の差額

暑さを乗りきる！夏の電気代節約術

「弱冷房除湿」運転

26畳用エアコンを7時間運転した場合、リモコンに表示された電気代は除湿で40円、冷房で100円以上！　ただし、猛暑日は冷房を使いましょう。

断熱カーテンの活用

窓の内側には断熱カーテン、外には日除《ひよ》けとしてシェードをつけ、室温の上昇を防止。

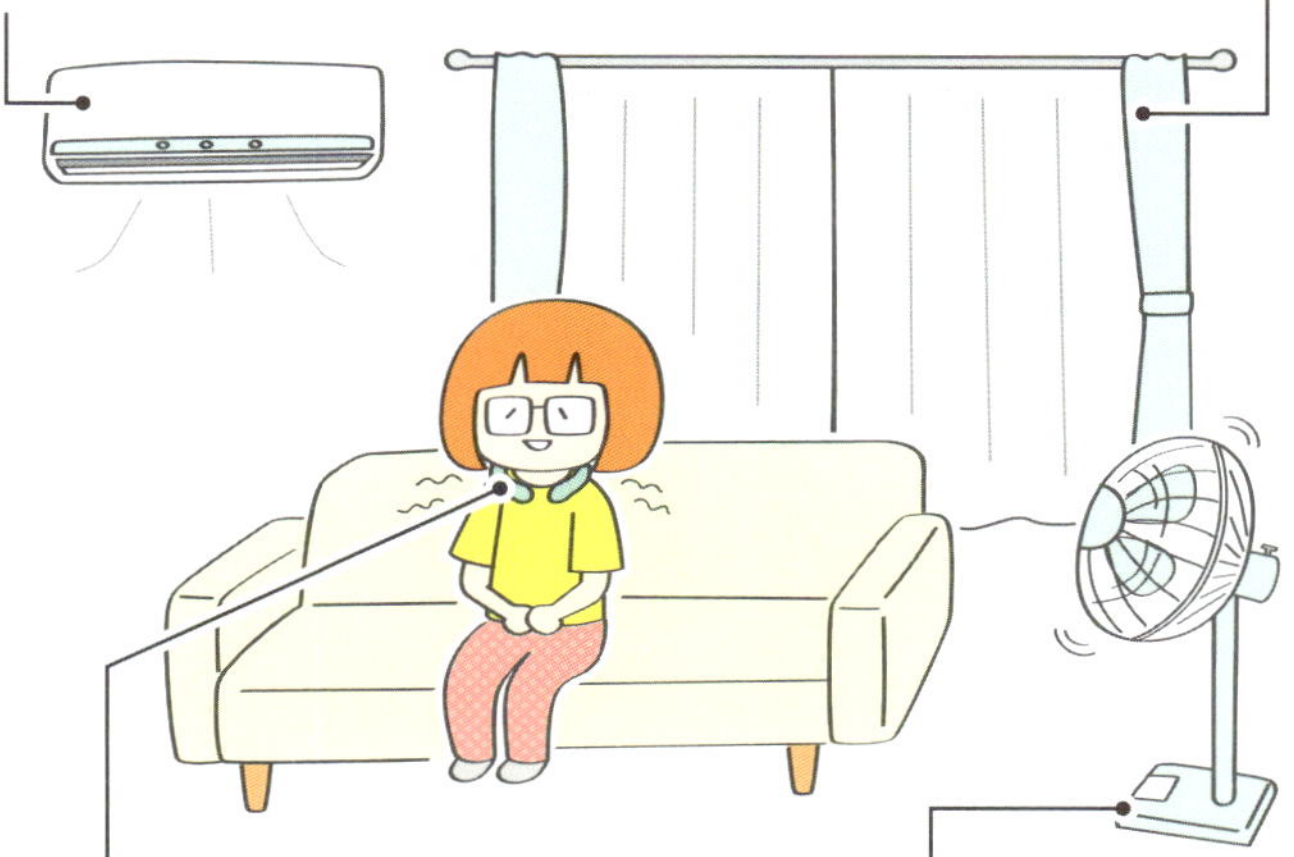

冷却グッズを活用

冷却リングを首に着けたり、ひんやりタオルを手首に巻いたりして、効率よくクールダウン。

扇風機を併用

扇風機をエアコンに向けて回せば、空気が循環し冷房効率がアップ。扇風機の電気代は、エアコンの20分の1！

そのほかの節電術

冷蔵庫

中身をスカスカにすれば「中」の設定温度でOK。反対に冷凍室にはパンパンに入れて食材同士が冷やし合うようにします。

ひんやりアイテム

ハッカ油を垂らした水を体にスプレーし扇風機に当たると、涼しく感じられます。寝苦しい夜には、アイス枕を使うのがオススメ。

光熱費

寒い冬の節電には厚着&暖房器具の使い分け

節約!

＼1年で／
79,000円

※4人家族の電気代の平均162,384円（2023年「総務省統計局家計調査」）とぴーちの電気代の差額

温める範囲が広いほど、暖房器具の電気代はかかります。そのため、必要に応じて暖める範囲を最適化させることが冬の電気代節約のポイントです。

たとえば、家族が1カ所に集まっていないときはエアコンを活用しますが、**みんながリビングにいるときはエアコンを切りこたつに**切り替えます。製品にもよりますが、こたつはエアコンの3分の1程度の消費電力なので、かなり節電になります。家に私1人のときはこたつもつけず、1人用の電気マットや湯たんぽを活用。愛用している1人用の電気マットの1時間当たりの電気代は0・4円ほどと激安です。

また、冷気対策も重要。部屋の熱は52%が窓から逃げていくので、**夜は断熱カーテンをしっかり閉めます**。逆に、昼間はカーテンを全開にして太陽の熱を取り込みます。床からも熱は逃げていくので、**カーペットの下にはアルミマット**を敷いています。冬は家の中でも厚着が基本で、しまむらのセールで300円程度で購入したモコモコアウターや靴下、腹巻きなども活用。鍋を囲み体の中から暖まるのもオススメです。

冬でもあったか！ 電気代節約術

日中

カーテンを全開にして、日光で部屋を暖めます。在宅ワークの私は厚着をして、1人用の電気マットを使います。

夕方

日がかげってきたらカーテンを閉めます。カーテンは断熱のものを使いましょう。夫が帰宅したら、家族で続けてお風呂に。残り湯で洗濯し節水。

夕食

お風呂で体が暖かいうちに、鍋などのあったか料理を囲みます。洗濯物を干して湿度が上がれば、体感温度も上がります。

夕食後

こたつで暖まります。こたつの下にはアルミマットを敷き冷気をシャットアウト。寝る30分ほど前には照明を暗くします。わが家ではクリスマスツリーにつけたLEDのイルミネーションが間接照明代わり。

就寝

布団の中に湯たんぽを入れて暖めておきます。上には毛布をかけて保温効果がアップします。寝室に洗濯物を干せば加湿器いらず！

通信費

格安SIMとテザリングで固定費を簡単見直し

節約!

1回見直せば
ずっとお得に
使える!

「格安SIM」は節約生活の強い味方。通信費を節約するには欠かせないものです。楽天経済圏で暮らすわが家では楽天モバイルを使っています。**楽天モバイルは格安SIMである上に、いまや4大キャリア**。私の生活圏内ではつながりにくいなどのデメリットはなく、携帯代は家族割引も使い1人971円、夫婦でたったの1942円です。

最初に楽天モバイルを選んだきっかけは、税込3278円の無制限プランを使うためでした。数年前まで自宅Wi-Fiをつけていなかったので、楽天モバイルのインターネット共有(テザリング)でパソコンとタブレット、テレビでのYouTube視聴をすべてまかないたかったのです。当時は、楽天モバイルのインターネット共有があれば十分でした。そのときの携帯代は、私が無制限プランの税込3278円、夫は2000円ほど。けれども、私がYouTubeの配信を始めてからはテザリングではアップロードに2時間かかるなど対応しきれなくなり、**時短のために楽天ひかりを導入しました**。約5000円の楽天ひかりと約2000円の楽天モバイルで月7000円と少し高くなりましたが、通信速度などのストレスはなくなりました。

通信費を抑えるテクニック

格安SIMの利用

通信に利用するデータ容量が多ければ、上限額が決まっている楽天モバイルがオススメ。反対にあまり使わないなら、日本通信SIMが1GB290円で激安です。楽天モバイルは専用アプリを使えば通話料無料なのもうれしいポイント。

動画をダウンロード

Amazonミュージックや Amazonプライムビデオなどのサブスクは、音楽やドラマ、映画がダウンロードできます。Wi-Fi接続のときにダウンロードしておいて、外出時などにはそれを視聴すればデータ通信量を消費しません。

テザリングを利用

楽天モバイルは、通信に利用するデータ容量が3GBを超えると2000円ほどかかります。旅行などで超えそうなときは夫のスマホでインターネット共有(テザリング)し、ギガの消費を夫に偏らせて自分の通信費を抑えています。

テザリングのやり方

「設定」→「インターネット共有」で相手のスマホに接続するだけ!

交通費

切符は買い方の工夫で数百円安くなる

節約！

＼1年で／
7,800円

※大人2人＋小学生で月に1回、大人1人あたり片道130円安く切符を買えた場合

お出かけするとき、電車の運賃は意外とかかっているものです。少しでも安く行ける経路を調べて乗っていますが、乗り換えが多いと時間がかかってしまうことも。でも、乗り換えることなく、切符を安く買う方法があります。ＪＲの路線の場合、**切符を途中駅で分割して購入すれば運賃が安くなる**場合が多いのです。たとえば東京駅から鎌倉《かまくら》駅に行く場合に、普通に切符を買うと９５０円（ＩＣカードだと９４５円）ですが、東京駅〜蒲田《かまた》駅間・蒲田駅〜横浜《よこはま》駅間・横浜駅〜鎌倉駅間の切符を分割して買えば８２０円と、１３０円も安くなります。

このほかにも遠出をするときは、金券ショップを活用しています。金券ショップでは**ＪＲや私鉄の株主優待チケット**が売られているので、それを利用するとお得に出かけられます。往復だと数百円安くなることも。ただし有効期限があるので、計画的に利用しましょう。

ショッピングセンターの無料バスも節約の味方。私は、家の近所を走っているスーパーの無料送迎バスをたまに利用しています。市区町村によっては運賃が安いコミュニティバスがあるので、お出かけ前のチェックがオススメ。東京都内なら、無料巡回バスの運行もあります。

乗車券のお得な買い方

今までよく乗っていた区間が、実は分割すれば安くなるなんてことも。「分割.net」や「乗車券分割プログラム」などのサイトで調べられます。

切符を分割して買ったときの運賃

例） JR東京駅→JR鎌倉駅に行く場合

	区間・運賃	合計額
通常	東京 950円（ICカード 945円） 鎌倉	950円
2分割	東京 490円 横浜 360円 鎌倉	850円
3分割	東京 230円 蒲田 230円 横浜 360円 鎌倉	820円

分割切符の買い方

駅の指定席券売機やみどりの窓口などで買うことができます。事前にどう分割するのかを調べておくと、時間がかかりません。

使うときのポイント

- 購入した乗車券は、乗る駅からの切符で自動改札を通ります。
- 降りるときは購入した切符をすべて重ねて通します。

医療費

家族全員の医療費を年に1度チェック！

節約！

10万円を超えたら還付金が戻ってくる！

必要なときにはかかってしまいますが、医療費もなるべく抑えたいものです。1年間の医療費の合計が10万円（総所得金額等が200万円未満の人は総所得金額等の5％）を超えた場合、**医療費控除**が受けられます。年間の医療費が多くかかった場合、確定申告をすれば税金が還付されるという制度です。10万円もしくは総所得金額等の5％以上というのは一緒に生活している家族全員分を合算した額で、入院した際の食事代や通院時のバス代などの交通費、薬局で買った風邪薬などの市販薬も医療費に含まれるというのがポイントです。

どんなに健康な家族でも歯医者に通ったり、風邪をひいて風邪薬を買ったりと、1年だと医療費はかかっています。私も何回か医療費控除を行って、税金の還付を受けました。**確定申告のために、家族全員分の医療費の領収書や薬局で買った薬のレシートは小さい袋にまとめています。**そして年明けの1月に集計して10万円を超える場合は確定申告をしています。

控除されるといっても、**医療費をなるべくかけないほうが節約**にはなります。健康で医者にかからないのが一番です。たとえば、わが家で実践しているのが虫歯の予防。電動歯ブラシや部分

申請のためのレシート管理術

医療費が「10万円は超えないだろう」と思っていても、年末近くに病院代がかさんだことがありました。そういうときのためにも、治療や薬のレシートはしっかり保管しています。

管理のポイント

- レシートの薬代の部分にマーカーを引いてわかりやすくする。
- 領収書は必ず保管。
- 小さい袋にまとめておく。

いろいろな制度を
使って税金を減らせば
手取りは増えます！

用歯ブラシ、フロスで丁寧に歯磨きをする習慣をつけています。電動歯ブラシの付け替え用は、楽天お買い物マラソンのときにまとめ買いし、フロスは百均のものを愛用しています。そして、3カ月に1回、歯科検診を受けています。

薬局で薬をもらうときは、後発医薬品（ジェネリック医薬品）にしてもらいます。ジェネリックは、新薬の特許期間が切れた後に発売されたというだけで、成分や効き目は同じなのに、最大6割も安くなります。そして、薬局に行くときは「お薬手帳」を忘れずに持っていきます。お薬手帳を持参すると、持参しなかった場合に比べて、数十円ほど安くなる場合があります。

保険料

必要額を計算して保険料を最適化

民間保険は、万が一の際足りない分を補足するためのもの。何となく入ると損をすることもあります。私の夫には健康面の不安があり、民間の医療保険に入っていましたが、大学病院で検査したときは入院しなかったので保険金は出ませんでした。日帰り入院から保障される保険もありますが、保険内容を手厚くすればその分保険料は上がります。通院で保険金が出るものはさらに高額。それなら**解約して、その分貯金したほうがいい**と思いました。それに、夫に万一のことが起きた場合に必要になる金額を計算し、わが家に民間保険は必要ないことがわかりました。

念入りに計算したのは、**必要となる金額と公的保険の金額**。たとえばわが家の場合、夫が今もし亡くなれば、遺族年金が月に約14万円支給されます。児童手当2万円と合わせると月16万円ほど。それに加え、団体信用生命保険に入っているので住宅ローンは支払わなくてよくなります。

私も働いていて子どもの教育費も貯金できているので、生命保険には入らないことにしました。高額療養費制度を使えば医療費の自己負担は最大9万円程度なので、医療保険も必要ないと判断しました。その分、何かあっても対応できるように、しっかり貯金しようと考えています。

節約！

保険料を貯金に回すのもアリ！

民間保険が必要かをチェック!

STEP 1
公的保険の金額を確認
- 遺族年金
- 中高齢寡婦加算 など

夫もしくは私が亡くなった場合、それぞれ公的保険からいくら出るか確認します

STEP 2
今ある資産を確認
- 貯金額
- 住宅ローンの有無 など

住宅ローンは夫名義なので、夫が亡くなった場合は0円に

STEP 3
月額いくらで今までどおり生活できるか確認

子どもの学費などを確保できるかも確認します

STEP 4
金額が足りているかを確認

公的保険や資産から必要なお金を引いて、足りるかを確認。ライフプラン表(112ページ)を活用するといい

STEP 1 公的保険 ＋ STEP 2 資産 － STEP 3 これから必要な金額

マイナスになるようなら民間保険で補う

節約のお悩みQ&A ②

Q お金がかかる災害への備蓄。予算やものはどうしていますか?

A ものをムダにしないのがポイント。

備蓄品は必需品なので、予算は決めていません。意識したいことは、**ものをムダにしない**こと。備蓄している飲料水や食品は、賞味期限が近くなったものから消費していき、その分を買い足しています(ローリングストック)。だから、ムダがありません。

そして、**普段から使うものは多めに備蓄**し、いらなくなったものでも災害時に使えそうなものは取っておいています。ゴミ袋は多めにストックしておいて、災害時はゴミ箱に入れたゴミ袋にさらに子ども用おむつを入れてトイレ代わりにします。

最近は、中に食材を入れて加熱調理に使える「アイラップ」も備蓄品に入れました。鍋を汚すことなく、お米を炊いたりパスタを茹でたりできるので、災害時に重宝します。

わが家の備蓄品

- カセットコンロ、ガスボンベ
- ウォータータンク
- 非常用ライト
- モバイルバッテリー
- 子ども用おむつ(サイズアウトして余ったもの)
- ゴミ袋
- 紙皿、紙コップ、割り箸
- アイラップ(ポリエチレン製の袋)
- 飲料水
- レトルトのカレーライス・ハヤシライス
- 缶詰
- 乾パン
- 賞味期限の長いお菓子
- 無洗米(普段食べているものを切らさない)

PART 3

“家計管理”の ヒント集

お金を確実に貯めるには、
収支の管理や仕組み作りが大切。
家計を見直すことで、どこを節約すれば
お金が貯まるのかがわかります。

1カ月分でもOK！家計簿をつけて現状を把握

結婚当初、貯金がゼロだった私たち夫婦が家計を見直すために取り組んだのが、**「家計簿」をつけること**。やみくもに節約を始める前に、**自分たちの現状を知らないと対策は見つからない**と思ったからです。

今は家計簿アプリを活用していますが、当時は毎月の生活費をノートに書き出して、家賃、食費、外食費、日用品費、水道光熱費、通信費、娯楽費、交通費などの項目に分けて集計するところからスタート。夫22万円＋私21万円で合計43万円の収入のうち、使途不明金も含めると、30万円以上の支出がありました。特に**使途不明金が多くちょこちょこ浪費していたこと**が、今まで貯めてこられなかった大きな原因でした。

そこで、まずはしっかりと家計簿をつけて、夫の給料だけで生活することを心がけました。そのために、今までかけすぎていた「食費」と「娯楽費」を最初に見直しました。

家計の見直しポイントは人それぞれ異なります。家計簿をつけてなぜ貯まらないのか原因を探り、原因がわかったところでそこをどう節約するか考えることが第1ステップです。

節約は家計簿からスタート

結婚当時（24歳）の1カ月の家計簿

収入
- 夫：22万円
- 私：21万円

合計 **43万円**

支出
- 家賃：7.5万円
- 食費：6万円
- 外食費：2～3万円
- 日用品：1.5万円
- 水道光熱費：1万円
- 通信費：1.5万円
- 娯楽費：4～5万円
- 交通費：2万円
- 私のもの：1.5万円
- 夫のもの：不明

※使途不明な支出あり

合計 **28万円＋α**

──① （外食費／娯楽費）
──② （夫のもの）

見直し① ぜいたくな生活レベルがデフォルトになっている

毎朝立ち寄るコンビニ、週末のたびに行くショッピングなど、今となってはめったにしないぜいたくな生活が当たり前でした。これらが、外食費や娯楽費などを増やし、家計を圧迫していると気づきました。

見直し② 何に使ったかさえわからないものが多い

驚いたのは、何に使ったかわからないお金があったことです。無意識に使っているお金があると知ったことで、今では購入時に"本当に必要か"を意識して確認するようになりました。

金額が大きい項目順に見直すのがポイント。節約効果を実感しやすいです！

PART 3 "家計管理"のヒント集

ライフプラン表を作成し貯蓄目標を決める

節約はダイエットに似ています。漠然と「痩《や》せたい」と思ってもなかなか痩せないように、「お金を貯めたい」という思いだけで貯めるのは大変なことです。

そこでオススメなのが、**貯金の目標を明確にする**こと。ダイエットの例でいうと「夏までに3kg痩せたい」という具体的な目標を立てると、やることが明確になってモチベーションが上がりますよね。これと同じで「いつまでに」「いくら貯めたいか」を明確にし、ライフプラン表（112ページ）を作って貯金計画を立ててみてください。

ライフプラン表とは、いわば〝人生の設計図〟のようなもの。**将来にわたる収入や支出を書き込むことで、貯蓄額や足りない額を把握する**ことができます。家の購入費用や子どもの教育資金などお金がかかるイベントを書き込むことで、いつまでにいくら必要かも一目瞭然。

わが家の目標は、奨学金を借りることなく子ども2人を大学まで行かせること。そして、60歳までに老後の生活資金として6000万円貯めて再雇用なしで夫婦でリタイアすること。その後、日本全国の温泉巡りなどを楽しみながら、まったり生活することが夢です。

一般的なライフイベント

20〜30代 ▶ 30〜40代

結婚、出産、住宅購入

¥ 貯めどき

❶独身時代
❷結婚後子どもが生まれるまで
❸子どもが3歳頃〜中学入学前

▶ 40〜50代

子どもの入学（中学校〜大学）

¥ かかりどき

教育資金

50〜60代

子どもの独立

¥ 貯めどき

❹子どもの独立後

▶ 定年後

退職、介護、相続など

¥ かかりどき

老後の生活資金、
親の介護費用など

¥

そのほかの大きな出費もライフプラン表に書き込むと、計画が立てやすくなります。

例

- 住宅のリフォーム
- 車や家電の買い替え
- 旅行
- 運転免許の取得

大公開

2034	2035	2036	2037	2038	2039	2040	2041	2045	2046	2047	2048	2052
47	48	49	50	51	52	53	54	58	59	60	61	65
47	48	49	50	51	52	53	54	58	59	60	61	65
20	21	22	23	24	25	26	27	31	32	33	34	38
15	16	17	18	19	20	21	22	26	27	28	29	33
				リフォーム						リフォーム		
						車買替						
成人式			大学卒業									
	高校入学		運転免許	大学入学	成人式							
				洗濯機	冷蔵庫	除湿機						除湿機
		③	住宅ローン終							退職金	温泉旅行	温泉旅行
388	388	388	388	388	388	388	388	388	388	988	④	150
240	240	240	240	240	240	240	240	240	240	240		50
											⑤	
12												
640	628	628	628	628	628	628	628	628	628	1228	0	200
400	400	400	280	280	280	280	280	260	260	260	260	260
				②		250						
320	270	250	30	250	280	250	250					
				215	20	8				④ 200	120	128
720	670	650	310	745	580	788	530	260	260	460	380	388
−80	−42	−22	318	−117	48	−160	98	368	368	768	−380	−188
3558	**3516**	**3494**	**3812**	**3695**	**3743**	**3583**	**3681**	**5213**	**5581**	**6349**	**5969**	**4606**

3 長男の大学入学前に住宅ローンを完済

4 夫の退職金で6,000万円の目標達成

5 資金的に余裕があれば再雇用で働かない予定

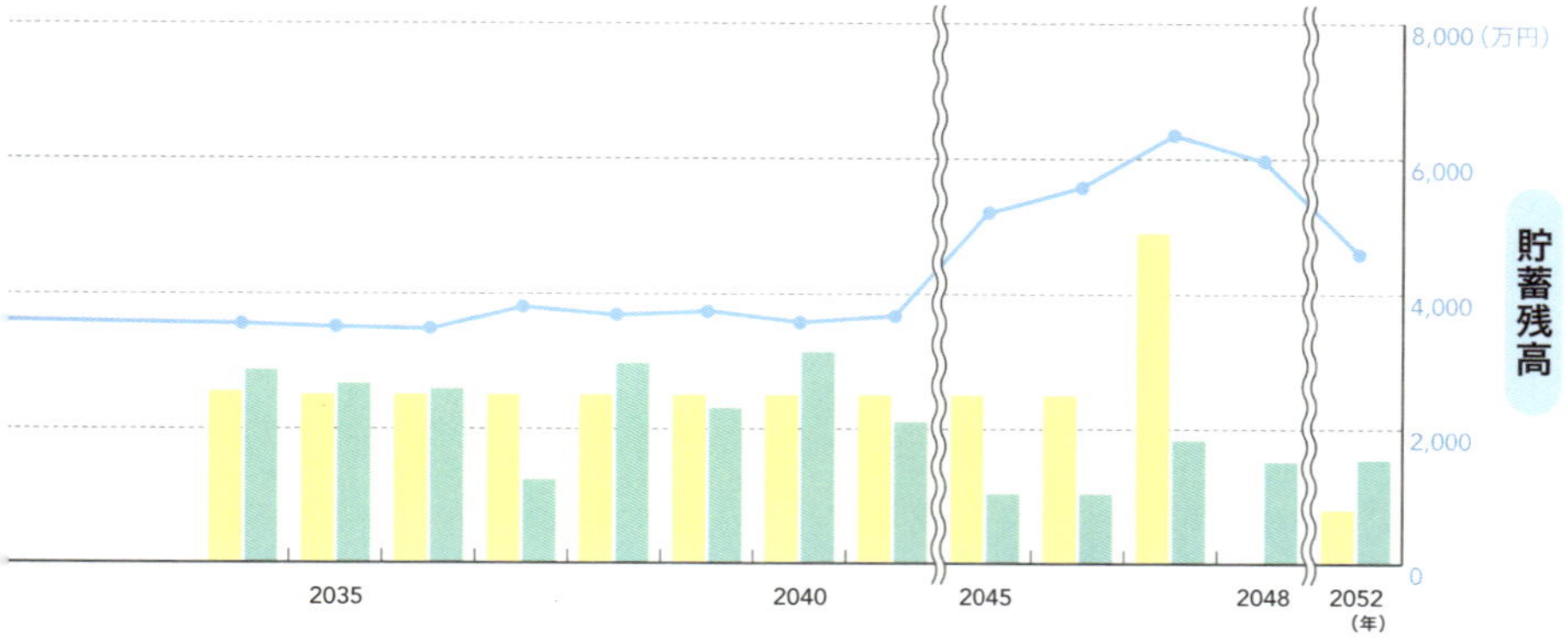

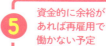

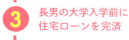

ぴーち家の「ライフプラン表」を

※収入はボーナスを含めた手取りの金額

	西暦	2024	2025	2026	2027	2028	2029	2030	2031	2032	2033
年齢	夫	37	38	39	40	41	42	43	44	45	46
	ぴーち	37	38	39	40	41	42	43	44	45	46
	長女	10	11	12	13	14	15	16	17	18	19
	長男	5	6	7	8	9	10	11	12	13	14
イベント	家					繰上返済					リフォーム
	車				車買替						
	長女			塾	中学校入学			高校入学		運転免許	大学入学
	長男			小学校入学					塾	中学入学	
	家電買い替え			洗濯機	冷蔵庫	除湿機			食洗機		
	その他		歯科矯正	海外旅行				海外旅行			
収入（万円）	夫手取り	388	388	388	388	388	388	388	388	388	388
	ぴーち手取り	190	190	190	240	240	240	240	240	240	240
	児童手当（長女）	12	12	12	12	12	12				
	児童手当（長男）	12	12	12	12	12	12	12	12	12	12
	収入合計	602	602	602	652	652	652	640	640	640	640
支出（万円）	生活費	323	323	350	360	360	360	380	380	400	400
	住宅ローン繰上返済					1500 ①					
	車購入資金				250						
	子ども費			19	26	20	39	20	16	56	270 ②
	その他		90	115	20	8		100	20		200
	支出合計	323	413	484	656	1888	399	500	416	456	870
年間収支（万円）		279	189	118	−4	−1236	253	140	224	184	−230
貯蓄残高（万円）		4000	4189	4307	4303	3067	3320	3460	3684	3868	3638

① 住宅ローンを一部繰上返済

② 子ども2人分の教育費が高額に。年間収支もマイナス傾向

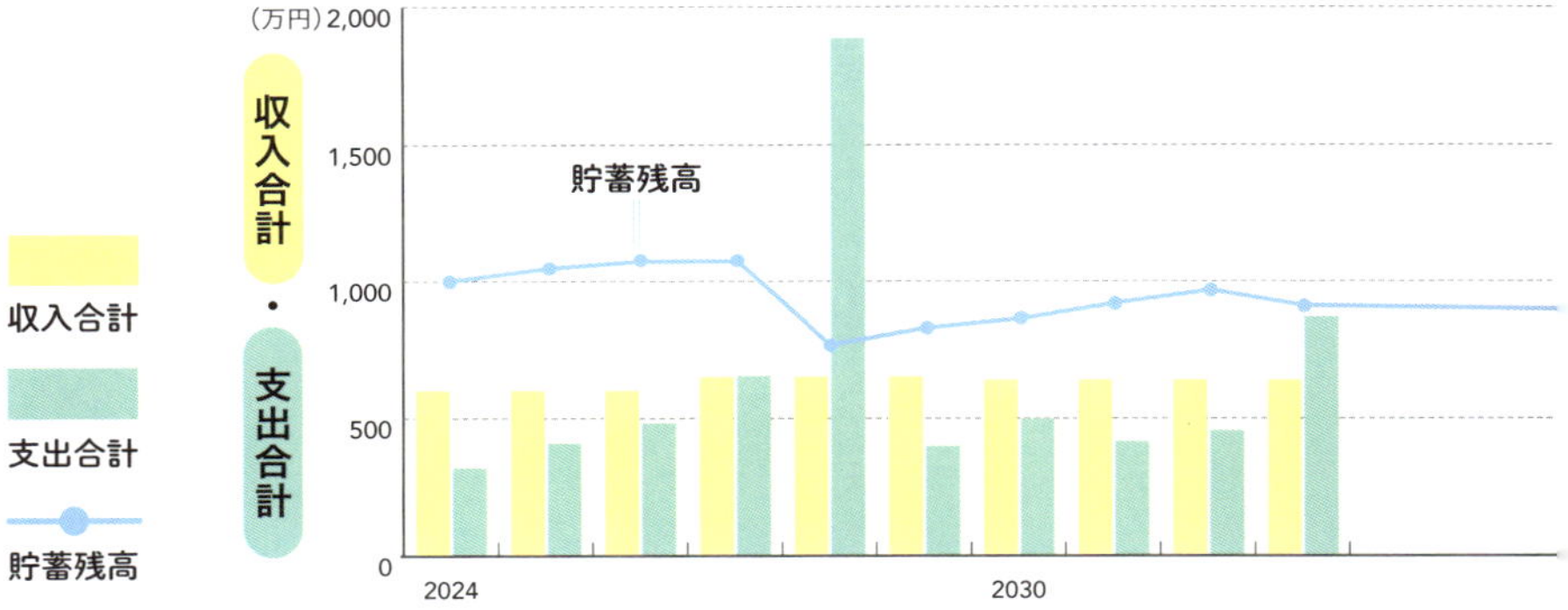

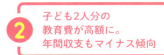

いつまでにいくら必要かを把握できる「ライフプラン表」。必要な年数分をコピーして書き込みましょう。

書き込み式

ワークシート①
ライフプラン表

	西暦				
年齢					
イベント					
収入					
	収入合計				
支出					
	支出合計				
年間収支					
貯蓄残高					

黄金比と比べて家計の特徴をチェック

実際に家計簿を見直しても、何にお金がかかりすぎているかわからない人もいると思います。そこで1つの目安として「家計の黄金比」を活用してみてください。家計の黄金比とはお金を貯める上で理想的な出費の比率のこと。自分の家計簿と照らし合わせて**比率が大きくかけ離れた項目があれば、そこが家計の見直しどころ**です。

見直す上でのポイントは**貯蓄額を必ず確保すること**。黄金比が正解というわけではないので、必ずしもすべての比率をそろえなくてもＯＫなのですが、貯蓄額の比率を守ることで毎月着実に貯金できます。

また、お小遣いの比率も重要。なかなか貯まらない家計の多くは夫婦のお小遣いに使いすぎていることが多いので、比率は世帯月収の10％を目安にしてみてください。

参考として、次のページにわが家の家計の比率を載せました。わが家は夫の給料だけで生活することを目標にしているので、貯蓄額の比率でいうと世帯月収の43％が目標。黄金比では10％が目安ですが、多い分にはまったく問題ありません。

「家計の黄金比」と比べてみよう

	黄金比 ※1	月収30万円の家庭	ぴーち家	
世帯月収（手取り）	100%	300,000円	100%	418,000円
貯蓄額	10%	30,000円	45.6%	190,600円
住居費	25%	75,000円	**21.6%**	**90,200円**
水道光熱費※2	6%	18,000円	3.3%	14,000円
通信費	6%	18,000円	1.8%	7,600円
保険料	7%	21,000円	0%	0円
食費	14%	42,000円	**11.7%**	**48,700円**（酒・外食を含む）
日用品費	2%	6,000円	0.6%	2,300円
被服費	2%	6,000円	0.4%	1,600円（夫は小遣いから購入）
レジャー費	2%	6,000円	1.9%	8,000円（交通費も含む）
交際費	3%	9,000円		
子ども費	10%	30,000円	4.8%	20,200円（給食費、習い事、小遣いなど）
夫婦の小遣い	10%	30,000円	6%	25,000円
その他	3%	9,000円	2.3%	9,800円（ガソリン代・医療費）

※１：FPの畠中雅子氏が推奨している夫婦と小学生の子どもが１人もしくは２人いる家庭の比率。
出典：『貯める＆投資のキホン』（ベネッセコーポレーション）
※２：１年当たりの金額を12カ月で割った平均。

一般的に推奨される黄金比と、それに対する月収30万円の家庭に当てはめたときの金額、そしてわが家の比率と金額です。表で太字にした「住居費」「食費」は、なるべく削りたくないもの。それでも、黄金比のパーセンテージに収めるようにしています。

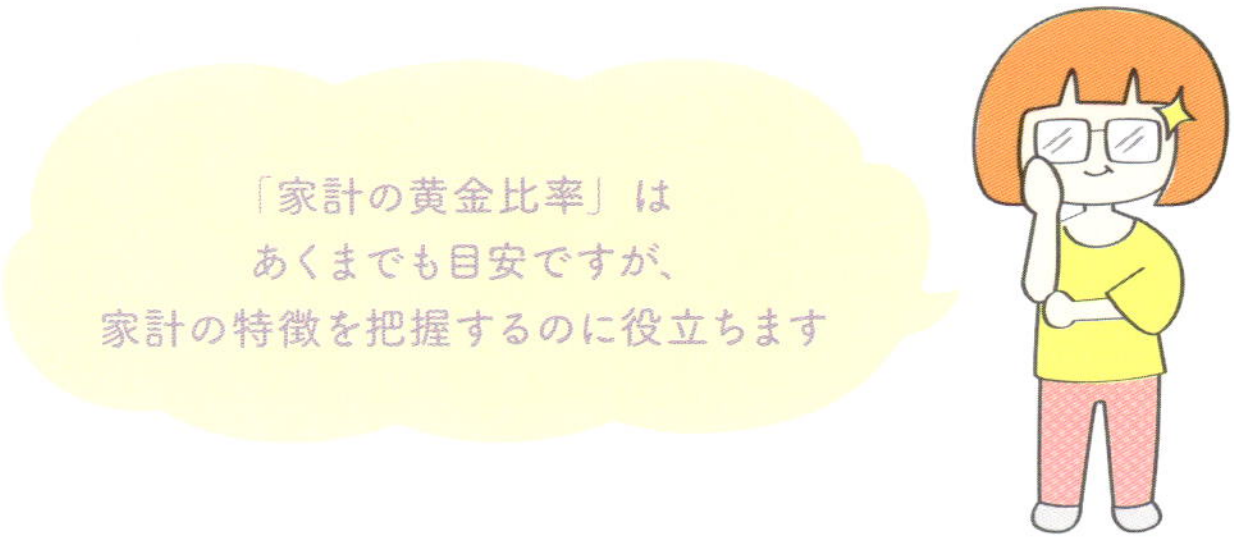
「家計の黄金比率」は
あくまでも目安ですが、
家計の特徴を把握するのに役立ちます

1カ月の家計と黄金比を書いてみよう！

	現在の家計	現在の比率	黄金比※1	理想の家計
世帯月収（手取り）	円	100%	100%	円
貯蓄額	円	%	%	円
住居費	円	%	%	円
水道光熱費※2	円	%	%	円
通信費	円	%	%	円
保険料	円	%	%	円
食費	円	%	%	円
日用品費	円	%	%	円
被服費	円	%	%	円
レジャー費	円	%	%	円
交際費	円	%	%	円
子ども費	円	%	%	円
夫婦の小遣い	円	%	%	円
その他	円	%	%	円

書き込み式

ワークシート2 1カ月の収支と費目割合

支出の費目別の割合を「家計の黄金比」と比べてみましょう。黄金比はお子さんの成長に合わせて調整するといいです。下記から選び、右ページに現在の1カ月の家計と比率、黄金比と理想の家計を書いてみましょう。

あなたに合った黄金比※1をチェックしよう!

	夫婦2人	子どもが小学生	子どもが中学生	子どもが高校生
世帯月収(手取り)	100%	100%	100%	100%
貯蓄額	15%	10%	5%	3%
住居費	25%	25%	25%	25%
水道光熱費※2	6%	6%	7%	7%
通信費	6%	6%	7%	7%
保険料	5%	7%	5%	4%
食費	12%	14%	14%	14%
日用品費	3%	2%	3%	3%
被服費	5%	2%	3%	3%
レジャー費	5%	2%	2%	2%
交際費	5%	3%	2%	2%
子ども費	0%	10%	15%	18%
夫婦の小遣い	10%	10%	10%	10%
その他	3%	3%	2%	2%

※1:FPの畠中雅子氏が推奨している夫婦2人、そして子どもが1〜2人いる家庭の比率。
出典:『貯める&投資のキホン』(ベネッセコーポレーション)
※2:1年当たりの金額を12カ月で割った平均。

費目別割合の求め方 割合(%)=それぞれの費目の金額(円)÷世帯月収額(円)×100

［ぴーち流］生活費を上手に節約するポイント

生活費の節約に取り組むには、**家計簿をつけて支出額が多いもの（106ページ）や、黄金比との比較で支出割合が高いもの（114ページ）から見直す**と効率がよいでしょう。

わが家では、食費と娯楽費の節約からスタートしました。ただ、いきなりストイックに節約を開始するとストレスがたまったり、つらくなって節約するのが嫌になってしまったりする可能性があります。だから、まずは**なるべくストレスのかからない自分に合った方法を見つける**ことが重要です。たとえば、大好きなお菓子を買うのを一切やめるのではなく大袋のものを特売のときに購入して1日1個と決めて食べたり、趣味の映画鑑賞をやめるのではなくAmazonプライムなどコスパのいいサブスクを活用し、自宅で映画を楽しんだり。工夫次第で出費は抑えることができます。

通信費や光熱費は契約を見直すことで大きな節約になることがあるので、要チェックです！**ときには手抜きをしながら、少しずつお金のかからない方法にシフト**していくことで、自然と出費が減り貯蓄額は増えていくと思います。

節約ポイント

食費

外食を減らすことが食費節約の近道です。ただ、食費を減らすための目標を"毎日の自炊"にするとハードルが上がるので、"コンビニと外食の頻度を減らす"ことからスタートしました。

ムダな外食、買い食いがないかチェック

結婚当初は、忙しさを理由に外食をしがちでした。そこで、**自炊のハードルを下げる手抜き術で外食の頻度が激減**。車を所有していなかったので、ネットスーパーを利用することで、コンビニ通いを減らすことができました。

3つの手抜き術

- まとめて作って冷凍（42ページ）
- 半額惣菜《そうざい》の冷凍ストック（44ページ）
- ネットスーパーの活用

自炊のハードルを下げるのがコツ！

自宅で"外食もどき"メニューを楽しむ

外食を控える代わりに、自宅でプチぜいたくなパーティーメニューを作って外食気分を堪能。それでも、十分に楽しめます（52ページ）。

加工品に頼らず作れるものは作る

スーパーに行けば魅力的な食品も多いですが、安い材料を入手して自作すればコスパもいいし、余計な添加物が増えずに一石二鳥です。

節約ポイント

娯楽費

趣味やレジャー費は日々の生活を豊かにしてくれる出費です。とはいえ、かけすぎには要注意！　お金のかからない楽しみを取り入れつつ、メリハリをつけるのがポイントです。

お金をかけずにリフレッシュする方法を探す

結婚前はアウトレットに映画、居酒屋と、お金のかかる週末を過ごしていました。でも、水筒を持って徒歩で自宅周辺を散策したりお寺巡りをしたりと、**お金をかけずに楽しめることがたくさんありました**。Googleで「6月10日 ○○市 イベント」などと検索すると楽しそうな無料イベントも探せます。

節約ポイント

住居費

住居費は金額が大きい分、節約効果も大。身の丈にあった家選びを意識したり、築年数の幅を広げて賃貸を探したりと、ひと工夫するのがオススメです。

家賃の低い家に引っ越せば節約効果が高い

現在はマイホームを購入して住宅ローンの返済中ですが、それ以前は賃貸マンションに住んでいました。お金を貯めるために、家賃の安いマンションに引っ越したところ、貯蓄のスピードが上がりました。古くても清潔感のあるリフォーム済みのマンションがあるので、**家賃を抑えたい人は、築年数を設定せずに検索する**のがオススメです。

結婚当初（2011～2014年）

間取り：1DK
築年数：4年
最寄り駅からの時間：10分
家賃：7万5,000円

引っ越し後（2014～2018年）

間取り：2LDK
築年数：35年
最寄り駅からの時間：15分
家賃：5万円

PART 3

“家計管理”のヒント集

節約ポイント

光熱費

じわじわ上がり続ける電気代やガス代による家計の逼迫は、何とか食い止めたいものです。電気はこまめに消すなどの基本を守りながら、さまざまな節約テクニックを試してみましょう。

使用を控える家電と、使って節約する家電を分ける

日中は照明をつけない、夏はシェードで室温を上げない、冬は断熱カーテンで温かい空気を逃がさないといった対策で、部屋の明るさや温度を調整しています。**照明やエアコンを控える一方で、使用電力が少ないロボット掃除機や節水効果がある食洗機などの家事サポート家電は積極的に使用**します。

ロボット掃除機の電気代は1回数円！

ロボット掃除機は就寝中に稼働させます。1回当たり数円なのに、部屋がピカピカ。

電力会社やプランを定期的に見直す

自分に合った電力会社やプランに乗り換えることで、毎月の電気代を下げることができます。安い電力会社は地域やタイミングによっても異なるので、YouTubeなどで電気代の比較に関する情報を定期的にチェックしています。解約金のかからない電力会社を選ぶことがポイント。また、契約プランやアンペアを見直すことで電気代を下げられる可能性もあります。

自分に合ったものを定期的に比較・検討！

「ぴーち流」お金が貯まる仕組み作りのポイント

お金を貯めていく上で、節約と同じくらい重要なのが「貯まる仕組み」を作ってしまうこと。それさえ作ってしまえば、自動的にお金が貯まっていきます。

たとえば「先取り貯金」。わが家の場合、夫の給料だけで生活し、私の収入や子どもの児童手当は全額貯金に回しています。**「私の報酬が入る口座＝貯金用口座」**になっているので、貯金用の口座に入金する手間がかかりません。給料が振り込まれる口座と貯金用の口座が別の人は、あらかじめ給料日翌日などに自動振替で一定額を貯金用口座に移動させる設定をしておくと便利です。

NISAやiDeCoを活用すれば節税しながらお金を貯めることができます。わが家は毎月夫婦それぞれ8万円ずつNISAを活用し、全世界株の投資信託を購入しています。楽天証券で毎月積み立て購入の設定をしているので購入する手間もない上に、**クレジットカード払いにしているのでポイントも貯まります**。iDeCoは60歳まで引き出せないという縛りはありますが、掛け金が全額所得控除になるので毎年の所得税や住民税を減らすことができます。

貯まる仕組み

銀行口座

普段使いの口座のほかに「貯める口座」を作るのがオススメ。貯める口座に先取り貯金すれば、自動的にお金を貯められます。

使う口座と貯める口座を分ける

カードの引き落としや現金の引き出しなど、**普段使いの口座は「楽天銀行」で、貯める口座は「あおぞら銀行」に分けて管理**しています。楽天銀行は条件をクリアすると、ATM使用手数料や振込手数料が月に何回か無料になるサービスがあります。あおぞら銀行は普通預金の金利が0.2%と大手銀行よりも高いです。

使う口座

楽天銀行

条件を満たせばATMや振込手数料が月に何度か無料に。NISA口座がある楽天証券とのやり取りが便利。

貯める口座

あおぞら銀行

普通預金の金利が0.2%、5年定期預金の金利が年0.65%で高い(2024年8月時点)。

貯まる仕組み

投資(NISA)

投資利益に対する課税が免除されるお得な制度であるNISAを活用して投資を始めるのも◎。ただ、現状、余裕資金がない場合は、投資はひとまず落ち着いてからスタートしてもよいでしょう。

全世界株式のインデックスファンド(※)を積立投資

夫婦でそれぞれ月8万円ずつ積み立て購入中。比較的安定性の高い「楽天・オールカントリー株式インデックス・ファンド」を楽天証券で購入しています。投資なので資産が減るリスクはありますが、2021年から23年まではジュニアNISAの枠を活用していたこともあり、3年で350万円の含み益が出ました。

そのほかのオススメ投資信託

- eMAXIS Slim全世界株式
- eMAXIS Slim米国株式
- eMAXIS Slimバランス(8資産均等型)

※インデックスファンド…平均株価などの指標に連動するように運用される投資信託の総称

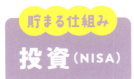

貯まる仕組み

クレジットカード

クレジットカード選びは「ポイ活」とセットで。貯めたいポイントをお得に貯められるカード会社を選びましょう。

楽天経済圏をフル活用

日常生活に必要なあらゆるサービスを楽天グループに統一すれば、楽天ポイントがザクザク貯まります。私は楽天カードや楽天モバイルなどを活用し、年間7万円分ほどのポイントをもらっています。貯まったポイントは、ドラッグストアでの買い物やガソリン代としても使えるのでほぼ現金と同じです。

活用している楽天サービス

- 楽天カード
- 楽天銀行
- 楽天市場
- 楽天証券
- 楽天モバイル
- 楽天ひかり
- 楽天トラベル
- 楽天ラクマ

ポイント大量GETのコツ

SPUを活用

SPU(スーパーポイントアッププログラム)とは、楽天の各サービスを使うことで、楽天市場でのお買い物のポイント倍率があがるお得なプログラムのこと。私の場合、楽天カード、楽天銀行、楽天モバイルなどの活用で、楽天市場でのお買い物金額の約10%分のポイントがついています。

楽天お買い物マラソンを活用

ほぼ毎月開催される楽天お買い物マラソンは、いろいろな店舗で買い回りすると最大11倍のポイントがつくことも(過去実績)。そのタイミングで日用品をまとめ買いすることで、さらに多くのポイントが還元されます。

私は購入金額の
20%近いポイントを
ゲットしています

貯まる仕組み

副業

副業にチャレンジしてみることはオススメ。月に数万円でも収入が上がれば大助かりです。幼い子どもがいながら自宅で手軽にできるものも。私が実際にやっている副業を紹介します。

メルカリで稼ぐ

仕入れた商品を仕入れ値より高い価格で販売し、その差額で利益を出す物販ビジネスの「せどり」。**出かけた先で見つけたセール品などをメルカリで販売し、月3〜4万円、年45万円ほどの収入**につながったこともあります。断捨離ついでに不用品を売ったりもして、すき間時間をお金に変える工夫をしています。

※所得が48万円を超えた場合や、副業としてやったときの所得の合計が20万円を超えた場合には、確定申告が必要。

情報配信で稼ぐ

私はYouTubeで節約情報を配信することで、少しずつ広告収益を得られるようになりました。ほかにも、インスタやTikTokなど無料で情報配信できる場所はあります。稼ぎ方はSNSによって異なりますが、YouTubeなら広告収益、インスタは商品やサービスの紹介によるアフィリエイト収入、TikTokは投げ銭や企業案件など。手軽に始められ、初期コストがほとんどかからないこともメリットです。

特技を活かして稼ぐ

私は文章を書くのが好きなので、昼間は自宅でライターの仕事をしています。仕事は求人サイト「インディード」で探しましたが、「ココナラ」や「クラウドワークス」という仕事のマッチングサイトを活用するのもオススメ。イラストやデザイン、占いなど特技で稼いでいる人も多くいます。

おわりに

お金はあなたと家族の笑顔のためにある

最後まで読んでくださって、ありがとうございます！

子どもの教育資金や老後資金を貯めるために、お金のことを考えるようになって気づいたことがあります。

お金はやはり「使うためにある」ということです。

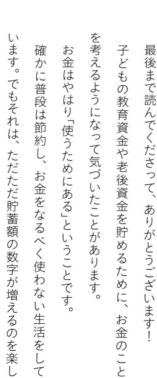

確かに普段は節約し、お金をなるべく使わない生活をしています。でもそれは、ただただ貯蓄額の数字が増えるのを楽しんでいるのではありません。2人の子どものため、そして将来夫婦でゆっくりと楽しく過ごすために、お金を貯めているのです。

節約して貯めたお金で「娘や息子にこんなことをしてあげたい」「家族とこんなことを楽しみたい」。いつも考えているの

は、そういう楽しいことばかりです。本書で紹介している節約のコツや節約生活を続けるためのマインドを取り入れてもらえれば、「こんな工夫もできるかも」と、節約をゲームのように楽しめると思います。

楽しい目標を持って、節約そのものも楽しむ。それさえできれば、お金は自然と貯まっていきます。あなたやご家族が、節約でハッピーになれたら。そう願っています。

ぴーち

4人家族の主婦ぴーち

2人の子どもを持つアラフォー主婦。投資をせずに、仕事と節約のみで10年間で3000万円の貯蓄に成功。FP2級の資格を持つ。YouTubeチャンネル「4人家族ぴーちの節約術」で節約術や節約料理を紹介している。チャンネル登録者数は13万人超。

ストレスフリーで楽しく実現！
1年で300万円貯まる超節約術

2024年9月28日　初版発行

著者　　4人家族の主婦ぴーち
発行者　山下直久
発行　　株式会社KADOKAWA
　　　　〒102-8177　東京都千代田区富士見2-13-3
　　　　電話 0570-002-301（ナビダイヤル）
印刷所　大日本印刷株式会社
製本所　大日本印刷株式会社

本書の無断複製（コピー、スキャン、デジタル化等）並びに無断複製物の譲渡および配信は、著作権法上での例外を除き禁じられています。また、本書を代行業者等の第三者に依頼して複製する行為は、たとえ個人や家庭内での利用であっても一切認められておりません。

●お問い合わせ
https://www.kadokawa.co.jp/（「お問い合わせ」へお進みください）
※内容によっては、お答えできない場合があります。
※サポートは日本国内のみとさせていただきます。
※Japanese text only

定価はカバーに表示してあります。
©Peach 2024 Printed in Japan
ISBN 978-4-04-607104-0　C0077